Sur les pas d'une sorcière de campagne

Avertissement

Les vertus et remèdes mentionnés dans cet ouvrage constituent des références d'un savoir transmis oralement, fournies pour répondre à des objectifs didactiques uniquement. Les recettes ne doivent pas être appliquées à des fins commerciales ou lucratives.

Le contenu de ce livre ne doit pas être utilisé pour poser un diagnostic, prescrire, constituer un traitement ou remplacer une consultation auprès d'un professionnel de la santé.

L'auteur et l'éditeur déclinent toute responsabilité et ne pourront être tenus responsables en cas de dommage de toute nature pouvant être provoqué, de façon directe ou indirecte, par l'utilisation de cet ouvrage, notamment en cas de mauvaise interprétation et/ou de mauvais usage des informations qu'il contient.

Pandora Hearts

Sur les pas d'une sorcière de campagne

Plantes et savoirs ancestraux glanés au fil des saisons

Illustrations : Alexandra Alzieu

Rustica éditions

Sommaire

Automne

Hiver

INTRODUCTION

De tout temps, sur tous les continents, toutes les civilisations ont apprivoisé et cultivé les plantes à des fins alimentaires, médicales et magiques. Ces connaissances étaient tout d'abord enseignées oralement, puis ont été transmises par les livres, internet et les autres médias sans jamais se contredire au fil des siècles, mais en s'enrichissant et en se développant grâce aux avancées scientifiques. Cependant, les propriétés magiques des simples demeurent un savoir mystérieux qui fait beaucoup fantasmer la part sorcière de notre âme...

Il existe en magie une loi du secret, qui était une nécessité vitale dès l'aube de la Renaissance, époque durant laquelle tout était prétexte pour passer sous la torture de l'inquisition, sur accusations fondées ou non. Les potences et bûchers se sont effacés de nos paysages, mais le secret a la vie dure, et le savoir, s'il ne disparaît pas totalement, se perd dans les méandres du temps.

Lorsque l'idée d'écrire ce livre m'est venue, j'ai pris peur. Car même si je garde pour moi de nombreux sorts qui ne peuvent être enseignés et pratiqués sans la surveillance d'un praticien accompli, n'était-ce pas trahir le secret, le savoir qui m'a été transmis oralement durant de longues promenades, à toute heure, en toute saison par mes échanges avec différents praticiens de campagne ? Mais peut-on craindre encore la corde ou les flammes ? Tant de sorciers modernes s'affichent librement sans risquer le courroux de la justice ! Il est temps de voir les choses sous un autre angle.

Si seuls quelques initiés peuvent aider un millier de personnes, imaginez le nombre de personnes bénéficiaires des bienfaits de la magie si le secret, non plus protecteur de nos jours, mais tabou, était rompu ? La transmission des connaissances est synonyme de survie de celles-ci. Les temps changent, le monde se transforme. Il est temps de faire évoluer les méthodes de diffusion de la sagesse acquise par nos anciens. Et tout commence sur un sentier...

Il y a 500 ans. Sur un sentier de terre parsemé d'herbes folles, avancent un homme scrutant les fourrés, un torchon à la main, et une jeune fille impatiente. Soudain, l'homme lève les yeux vers le soleil, réfléchit un instant, puis fait signe à la demoiselle de s'approcher. Il se penche afin de déraciner une plante sauvage, puis lui chuchote « un secret », pendant que la jeune fille s'empare du torchon dans lequel elle place la plante. Le baluchon improvisé en main, l'élève et son maître reprennent la route.

Il y a 20 ans. Sur ce même sentier parsemé d'herbes folles, j'avance avec impatience en compagnie d'un vieux leveur de maux, un panier au bras. Mon ami ronchonne : il n'a pas plu depuis des semaines, la terre a soif donc la récolte sera maigre. Soudain, il se penche et déracine une plante à l'ombre d'un arbre, me donne son nom et me raconte ses secrets, tandis que je la place dans mon panier d'osier. Nous reprenons la route ; j'en profite pour sortir mon carnet et mon crayon de la poche arrière de mon jean afin de noter les paroles de mon maître.

Aujourd'hui. Nous entamons un nouveau cycle de transmission des connaissances. Je t'entraîne sur un sentier parsemé d'herbes folles. Je ressens ton impatience et je m'en réjouis : cela signifie que tu as soif d'apprendre, que tu te souviendras des secrets au moment opportun. Promenons-nous ensemble à la découverte des mystères magiques que cachent nos simples à portée de main. Nous rencontrerons les plantes au fil de leur saison de récolte sorcière. Ce livre-sentier nous conduira dans les bois, en passant par les plaines et les étangs, jusqu'aux montagnes où poussent les plantes nécessaires à notre récolte.

Mais avant tout, tu dois apprendre la leçon la plus importante : les règles de récolte nécessaires à la protection de la biodiversité et à la préservation de la flore locale.

* **Cueillir les plantes avec discernement** en s'assurant que celles-ci ne sont pas des espèces protégées dans ton département.
* **Ne pas récolter les plantes en bord de route ou de champ,** afin d'éviter le risque de souillures humaines, animales ou chimiques.
* **Éviter d'arracher les racines,** afin de favoriser la repousse, à moins que les racines ne soient une partie de la plante à utiliser.
* **Ne récolter que la quantité utile !** Comme le disait si bien l'un de mes enseignants : « Dose doux ! Ce n'est point une soupe communale que tu me prépares ! »

Lorsque mes enseignants étaient satisfaits de notre récolte, nous rentrions à la ferme ou la maisonnette pour utiliser nos plantes magiques. « Pour apprendre, il faut mettre la main à la pâte », disait une de mes enseignantes. Ainsi, j'appliquais des recettes transmises sur le coin d'une table de cuisine ou dans un cellier converti en occultum. L'occultum est un endroit, un sanctuaire, que le sorcier consacre à ses pratiques occultes. Pour chaque plante que nous rencontrerons, je t'emmènerai dans mon occultum. Je t'apprendrai pas à pas des secrets que nous, sorciers de campagnes, utilisons couramment.

Enfin, je dois te prévenir que certains secrets te surprendront, te choqueront aussi. Car la sorcellerie de campagne est entière, puissante, loin d'être édulcorée par les filtres à paillettes modernes. Nous utilisons parfois des parties ou fluides corporels, humains ou non, en tant que condensateurs magiques. Il ne s'agit en aucun cas d'ingrédients de magie négative, même s'ils sont aussi employés par celle-ci au même titre que tout autre matériel magique (bougies, encens, tissus, encres...).

Traditionnellement, des gouttes de sang et de l'urine étaient employées dans la création des bouteilles sorcières par exemple. J'ai remplacé ces ingrédients par d'autres dans les recettes de ce livre afin de ne pas te choquer : ce changement ne semble pas impacter le pouvoir des bouteilles sorcières.

Je ne transmets ici que des charmes positifs, ne visant aucunement à nuire ou à contrôler un tiers. N'oublie pas que la sorcellerie est un art ancestral, un art sacré qui, pratiqué avec paix et amour, contribue à l'harmonie universelle.

L'OCCULTUM

Bienvenue dans mon occultum ! Voici l'endroit dans lequel nous nous reposerons un peu entre chaque découverte de plante sorcière. Tu pourras y apprendre des recettes magiques notées dans mes propres grimoires : je te transmettrai ici des secrets que j'utilise régulièrement dans ma pratique personnelle. Il te faudra les mettre en pratique avec sagesse, car il s'agit d'un savoir traditionnel.

Au fil des années et par mon expérience acquise, comme tout bon sorcier de campagne, j'ai testé ces sorts au gré des besoins. Il m'est arrivé de compléter les ingrédients ou encore d'en échanger certains sur les bases qui me furent enseignées, afin d'atteindre une efficacité en adéquation avec ma propre énergie, ma propre magie.

Je te conseille d'acquérir une bonne expérience pour faire de même. Cependant, il sera parfois nécessaire pour toi ou un consultant de revoir certaines recettes. La première et principale raison est assez logique : l'allergie ! Même si une plante n'est pas ingérée directement, une allergie de contact peut tout à fait survenir sans ingurgitation de la plante.

Il y a quelques années, un ami nous avait prêté un terrain en jachère pour y planter notre jardin. Un après-midi ensoleillé de mai, ma famille et moi-même avions mis du cœur à l'ouvrage pour déraciner les berces du Caucase (branc-ursine, herbe du diable, panais sauvage, patte-d'ours) qui envahissaient le terrain. Il s'agit d'une plante intéressante en magie, puisqu'elle décuple l'énergie d'un sort, par exemple.

J'aime beaucoup marcher pieds nus... La berce m'a montré son mécontentement ! Le soir même, j'étais hospitalisée pour des brûlures au troisième degré sur les deux jambes. En effet, la sève de cette plante commune, que l'on donne volontiers aux lapins, provoque des brûlures au contact des U.V. Depuis, cette merveilleuse plante et moi-même nous évitons d'un respect mutuel, et je lui préfère le sceau-de-salomon comme amplificateur, bien que ses baies soient mortelles.

Ainsi, je te conseille, en cas d'allergie, de remplacer une plante allergisante par l'une de ses sœurs aux vertus magiques similaires. Seul un accord parfait entre le praticien, la personne vers qui un sort est destiné et les ingrédients employés gageront de la réussite d'un acte magique bénéfique. Cette osmose est, d'après mon expérience, l'ingrédient principal d'un grimoire et de l'efficacité de son contenu.

Tu trouveras aussi dans ces recettes sorcières quelques plantes que je ne t'ai pas présentées dans ce livre-sentier. Je t'engage bien sûr à effectuer des recherches sur celles-ci, leur présence près de ton lieu de vie, leurs propriétés, etc. Elles sont employées ici pour leurs vertus puissantes dans certains domaines magiques qui apportent une qualité non négligeable à ces recettes spécifiques.

Sens-tu cette odeur ? Les senteurs mielleuses de la cire d'abeille de mes bougies se mêlent à celles de mes divers encens que je t'apprendrai à préparer. Des plantes attachées en bouquets sèchent de part et d'autre du plafond. Bientôt, elles seront prêtes à être mises en bocaux. Elles rejoindront cette multitude de contenants qui envahissent mes placards.

Des cahiers, des carnets et des grimoires reliés de cuir sont dispersés sur les étagères. Ils contiennent tant de secrets recueillis depuis le premier jour de mon initiation dans une petite ferme rustique… Certains écrits sont si vieux que l'encre s'efface presque ! D'autres sont illisibles, sans doute notés à la va-vite dans une soif de ne rien oublier, ou encore tachés par des gouttes de pluie lorsque mes leçons avaient lieu en pleine nature.

Ma muse féline, Ghost, ma reine siamoise, sieste sur mon bureau qui est mon plan de travail favori. Elle est parvenue à se faire une place entre mes chaudrons et mortiers que j'emploie en nombre. Mes principaux outils de divination (boules de cristal, baguette de sourcier, pendule, oracles) et outils de sorcellerie envahissent cet espace. J'aime avoir à portée de main le matériel que j'utilise le plus souvent.

Ne sois pas déstabilisé par la quantité d'objets qui ornent mon occultum : des dagydes, des ossements, des mues de serpents, des plumes, des bois de chevreuils, des talismans, des cristaux, des fioles et autres bouteilles en verre, des gris-gris, des bibelots ésotériques, des paniers… Mon occultum est un véritable cliché de l'antre d'une sorcière : j'aime m'entourer de tout mon fatras magique. Mais je te rassure : beaucoup de sorciers sont bien plus sobres et ordonnés que moi !

Es-tu bien chaussé ? Nous allons beaucoup marcher sur ce livre-sentier.

Viens ! J'entends les hirondelles chanter par la fenêtre ! Elles nous montrent quelle direction prendre… Suivons-les…

PRINTEMPS

La Vieille, après avoir lancé ses dernières giboulées, rend les armes devant la Jeune, qui sort de son sommeil. Un vent frais subsiste, cependant déjà la terre verdit à nouveau et l'herbe s'illumine de premières fleurs, sous le chant des hirondelles annonçant le printemps. Place dans un nid d'hirondelle un talisman ou un porte-bonheur durant neuf jours afin d'augmenter sa puissance. Nous entamons à peine le sentier que déjà nous nous arrêtons. Entends-tu ces coups frappés au loin sur un tronc d'arbre ? Il s'agit du pivert, cet oiseau à la robe vert et blanc, paré d'une calotte rouge. Le son qu'il produit présage l'arrivée prochaine d'une pluie bienfaitrice. Ajoute une plume de ce volatile à tes sorts favorisant la divination : elle t'apportera le don de prophétie.

Au loin, l'éclat flamboyant de la fourrure d'un couple de renard batifolant dans les hautes herbes attire notre regard. Bientôt, leurs jeunes découvriront les merveilles de ce monde hors du terrier. Porte sur toi un os ou une dent de renard : cela t'apportera la ruse nécessaire afin de toujours faire les choix à ton propre avantage.

Près d'un nid de ronces, quelques cæcotrophes (crottes) de lapin nous suggèrent que garennes et lièvres viennent se nourrir ici. Ramasse les plus sèches ! Broyées, elles offriront une touche odorante terreuse et l'énergie bienveillante de Beltane à tes encens.

À la lisière du bois, une vipère aspic avance silencieusement, à la recherche de la nourriture qui lui donnera la force de sortir de sa torpeur hivernale. Cette chasseuse s'approche d'un talus couvert de pulmonaires. Suis-moi ! Il est temps de te faire découvrir les trésors magiques dont la flore printanière regorge !

Recette de l'encens du printemps

Le printemps est la saison qui symbolise le renouveau, la renaissance, l'accroissement, la spontanéité et l'innovation. Cet encens favorisera toutes ces intentions magiques lors de la création de tes sortilèges.
Créé spécifiquement au printemps, tu pourras l'employer toute l'année pour un renouvellement énergétique, l'engagement dans une nouvelle voie professionnelle ou pour augmenter ton potentiel créatif, par exemple. Les possibilités de cet encens sont nombreuses : je sais que tu en feras bon usage ! Pour chaque ingrédient, les intentions magiques utilisées spécifiquement pour la recette donnée sont indiquées entre parenthèses.

Matériel

- 1 mortier et 1 pilon
- 2 cæcotrophes (protection du printemps, renouveau)
- 1 pincée de feuilles de chêne séchées (accroissement, fertilité)
- 1 pincée de fleurs de grande mauve séchées (renouveau, harmonie)
- 1 pincée de feuilles de sorbier séchées (innovation, protection)
- 1 pincée de fleurs de primevère séchées (renaissance, spontanéité)
- 1 morceau de mue de serpent (mutation, cycle)
- 1 pincée d'encens de patchouli (éveil, renouveau, début de cycle)
- Du miel liquide

Réduis les ingrédients au mortier, puis ajoute au compte-gouttes une infime quantité de miel liquide afin de lier les ingrédients et obtenir ainsi une préparation homogène. Façonne l'encens de manière à lui donner la forme d'une boule et laisse-le sécher quelques jours à l'air libre. Tu pourras le brûler sur un charbon ardent.
Conserve-le dans une boîte à l'abri de l'humidité et de la lumière. Je te conseille de l'utiliser dans l'année suivant sa préparation pour bénéficier de toutes ses saveurs olfactives.

La pulmonaire

Observe cette plante recouverte de poils, qui cherche l'ombre et la fraîcheur des bords de bois feuillus, en terrain calcaire, jusqu'à 1 000 mètres d'altitude. La pulmonaire est aussi appelée « le coucou bleu » à cause de ses fleurs en forme de clochettes à cinq lobes rouges et bleu-violet, rappelant celles de la primevère officinale.

Elle mesure 15 à 30 centimètres. Cependant, l'été, sa tige se flétrit puis disparaît pour laisser place à une rosette de feuilles tachées de blanc, à l'image de poumons malades, qui vaut aussi à la pulmonaire le nom d'« herbe aux poumons ».

Elle porte parfois le nom d'herbe de tac. Si ton cœur bat fort sous l'effort ou la peur, mâche trois de ses feuilles puis pose-les sur ton cœur de la main droite pour en apaiser le rythme.

De mars à avril, nous récoltons les fleurs uniquement. Les feuilles doivent se gorger du soleil de l'été pour se remplir de pouvoir : nous les prendrons en août. Toutes ces parties se collectent à l'aube, en lune croissante, un mardi de préférence.

Avant de purifier un lieu, tu dois lui offrir la possibilité de « respirer ». Souvent, après des périodes difficiles de la vie courante ou encore après des évènements marquants comme un décès ou une longue maladie, le lieu se bloque, si l'on peut dire. À l'image du corps humain après une blessure, dont les muscles se contractent sous la tension, un lieu souffre et se crispe en empêchant toute circulation énergétique.

Une purification, aussi puissante soit-elle, aura une durée d'action limitée dans le temps, car tout comme l'esprit humain, l'âme d'un lieu appréhende la prochaine « crise » et se replie sur elle-même au souvenir de ses souffrances. Pour le libérer de ses traumatismes, l'aider à respirer et rouvrir la circulation d'énergie qui rendra efficace une purification, tu utiliseras des fleurs de pulmonaire brûlées dans un encens.

Puis, toujours dans cette intention d'ouverture des énergies, tu enterreras aux quatre coins de l'extérieur du lieu (maison, jardin, grange, pré, etc.) quatre feuilles de pulmonaire à environ 20 centimètres sous la surface du sol. Il te faudra visualiser l'endroit se gorger d'énergie bleue et expirer de l'énergie sombre durant cinq pulsions respiratoires.

Dans la chambre d'une personne atteinte d'une pathologie pulmonaire, tu placeras sous son oreiller un sachet bleu rempli de feuilles fraîches de cette herbe aux poumons. Les feuilles sèches sont inefficaces dans ce cas. Puis tu signeras de trois croix (ou tout autre symbole selon tes croyances) le front du patient en invoquant la protection de ton (tes) dieu(x).

Viens avec moi ! J'aperçois la fleur de mars derrière ces arbres !

Bain magique
contre un stress post-traumatique

Les troubles du stress post-traumatique ne doivent pas être pris à la légère, et le patient doit être pris en charge par un psychiatre ou un psychothérapeute. Ces troubles surviennent après un évènement déclencheur qui provoque un stress intense, un choc émotionnel et/ou un traumatisme. Cela peut être dû à des violences, un deuil, un accident, une peur intense, etc. Les personnes qui doivent faire face à un stress post-traumatique ont besoin de tout le soutien et l'accompagnement de leurs proches. Tu peux venir en aide à ces personnes en utilisant ta magie. Cette pathologie étant une urgence, tu peux effectuer cette recette à tout moment.

Matériel

- 1 bol ou 1 petit saladier
- 1 poignée de fleurs et de feuilles de pulmonaire (échange assainissant d'énergie)
- 3 baies de gui coupées en trois (guérison psychique)
- 1 pincée de fleurs de camomille (apaisement)
- 1 pincée d'angélique (équilibre, protection divine)
- De l'eau bouillante

Note : tu pourras utiliser des plantes sèches ou fraîches à ta convenance : pour les plantes fraîches, rajoute 10 minutes à ton temps d'infusion.

Place tes ingrédients dans le bol ou le petit saladier, en faisant appel à leurs pouvoirs respectifs.

Trace du bout du doigt trois croix ou tout autre symbole selon tes croyances au-dessus de ton contenant. Visualise une énergie bleu clair émaner des plantes. Puis en versant l'eau bouillante, prononce la formule suivante :

« Par le pouvoir de ces plantes
Que la magie soit délivrante !
Tac ! Tac ! Tac ! Par trois fois l'herbe à tac,
Délivre l'âme du choc avec tact !
Gui, camomille et angélique
À la souffrance font la nique ! »

Laisse les plantes infuser pendant 20 minutes, puis réserve ce mélange au frais. Chaque soir, durant sept jours, le consultant doit prendre un bain apaisant. Lui-même ou un proche doit ajouter une quantité de cette infusion à l'eau du bain en prononçant la formule magique précédente. Les proches devront être à l'écoute du patient dans les jours qui suivent et l'entourer de leur amour.

Savoir magique

Cette recette ne guérira pas un consultant de son traumatisme et sa prise en charge psychologique est importante. Cependant, ce bain magique lui permettra de sortir des répétitions mentales au cours desquelles il réfléchit en boucle à ce qu'il aurait pu faire différemment, d'exprimer et d'évacuer ce qui le ronge pour accepter sa situation et la possibilité de se reconstruire.

Encens
de déblocage d'un lieu

Les murs retiennent les scènes dont ils ont été témoins. Il émane d'eux une énergie résiduelle positive ou négative selon les circonstances vécues dans un foyer. Un lieu peut être bloqué dans un traumatisme énergétique pour diverses raisons : deuil, suicide, violence, dépression... Une purification permettant un échange d'énergie afin de laisser partir le négatif pour faire entrer le positif est nécessaire dans de tels cas. Voici un encens qui rendra cette purification efficace. Tu devras le fabriquer un mardi à l'aube et en lune décroissante.

Matériel

- 1 mortier et 1 pilon
- 2 pincées de pulmonaire séchée (échange assainissant d'énergie)
- 1 pincée de sauge séchée (purification, harmonie)
- 1 pincée d'angélique sylvestre séchée (purification, bénédiction)
- 1 pincée d'encens de myrrhe (protection, mutation)
- 6 poils de chat blanc coupés en petits bouts (apaisement)
- Du miel liquide

Réduis les ingrédients au mortier le plus finement possible en visualisant qu'une énergie blanche et lumineuse émane de ceux-ci.

Ajoute au compte-gouttes une petite quantité de miel liquide afin de lier les ingrédients et d'obtenir une préparation homogène.

Façonne ton encens de manière à lui donner la forme de plusieurs petites boules, puis laisse-les sécher à l'air libre quelques jours. Tu pourras utiliser cet encens lors de tes fumigations de purification.

La violette

Ici, dans ce bois clair, mais aussi souvent dans les pelouses, les prés, les haies et les bruyères, pousse la violette aux feuilles ovales en forme de cœur ou arrondies et aux fleurs d'un violet foncé. En France, notre violette est de loin la plus odorante de toutes les espèces de violettes. C'est pourquoi nos anciennes tressaient des couronnes de violettes à porter sur la tête lors de soirées alcoolisées, afin de chasser l'ivresse.

La violette des haies mesure de 10 à 15 centimètres et se trouve jusqu'à 1 000 mètres d'altitude. Première fleur à fournir aux abeilles leur récolte de nectar, on l'appelle aussi « fleur de mars ». Il arrive que certaines violettes de mars portent des fleurs blanches. Ne t'avise pas de les cueillir ! Tu subirais le courroux du petit peuple...

Elle se récolte en mars et avril, en lune croissante et à l'aube, lorsque son parfum est le plus enivrant. Mais sois attentif, car les jours de récolte changent selon l'emploi que tu réserves à cette plante magique.

Mais avant tout, cueille la première violette que tu vois, place-la dans ta bouche, puis ferme les yeux en levant le visage en direction du soleil printanier. Avale-la sans abîmer cette première fleur avec tes dents. Ce charme te portera chance et bonheur jusqu'au printemps prochain.

Pour les sortilèges d'amour, on cueillera toute partie de la plante un vendredi. Si ce jour tombe en pleine lune, les sortilèges seront décuplés. Afin de contrer un maléfice d'aiguillette ou d'embarrement, visant à rendre impuissant un homme ou frigide une femme, tu tresseras ensemble trois violettes des racines aux sommités à la nuit tombée. Ton consultant réservera cette tresse à l'ombre, et chaque soir, de ce vendredi au suivant, il l'embrassera avant d'aller se coucher. Puis le samedi, il enterrera la tresse de levage au pied d'un pommier.

Pour apporter l'harmonie dans un couple qui se déchire, un lundi au crépuscule, tu utiliseras un papier sur lequel tu noteras le nom des deux personnes concernées en son centre, sous la forme d'une croix : un nom et prénom de haut en bas croisé par l'autre nom et prénom de gauche à droite. Tu recouvriras ces noms de sel puis de fleurs et feuilles de violettes. Tu replieras les bords de ton papier de façon à former une enveloppe. Tu entoureras ce papier d'un fil de coton ou de laine blanc. Puis tu allumeras une bougie blanche, et feras couler sa cire sur toute la surface de ce sachet de papier afin de sceller la paix et le retour à l'harmonie amoureuse du couple. Ce sortilège sera placé le soir même sous le matelas du lit conjugal durant 28 jours, puis enterré au pied d'un pommier le 29e jour au matin.

Tresser une couronne de violettes entières récoltées le jour même, des racines aux sommités, un samedi sous les premiers rayons de lune, te garantira protection contre les attaques magiques, mauvais sorts et entités sombres, si tu l'accroches dans ton foyer, sur le mur le plus au nord à minuit.

Traditionnellement, pour rendre un mari volage fidèle, le sorcier plaçait dans un cœur de poule blanche treize violettes broyées, récoltées un samedi au plus proche de la pleine lune. Puis il ajoutait trois cheveux et trois poils pubiens de l'homme tressés ensemble dans le cœur de la poule. Il entourait ensuite le cœur d'un fil rouge, puis faisait trois nœuds. Enfin, il venait planter sept épines noires dans ce cœur avant de le déposer sur un nid de ronces. Bien sûr, de nos jours, il est tout à fait possible de remplacer le cœur de poule blanche par un sachet de tissu rouge sur lequel tu prendras soin de peindre un cœur blanc.

Mais continuons notre chemin...

Vin des sorciers

Voici un vin bien connu des amateurs des délices du terroir. Lorsqu'il est préparé avec un soupçon de magie, le vin des sorciers possède le pouvoir de rendre romantique même le cœur le plus endurci.

Matériel

- 1 grosse poignée de violettes fraîches (amour, bonheur)
- 1 poignée de fleurs de pervenches fraîches (amour, romantisme)
- 1 poignée de feuilles de pervenches fraîches (amour, désir)
- 20 g d'angélique fraîche ou sèche (amour, douceur)
- 1 litre de vin rouge
- 2 cuillerées à soupe de miel liquide

Place les violettes, les pervenches et l'angélique dans un contenant, en faisant appel à leurs pouvoirs respectifs.

Verse sur l'ensemble le vin rouge et mélange le tout à l'aide d'une cuillère en bois en prononçant :

« Grâce à ce bouquet d'amour,
Mon élu me fera la cour !
Dans ce sang de la terre
Que ma magie opère ! »

Ferme le contenant hermétiquement. Réserve le tout dans un endroit sombre durant 15 jours.

Le 16e jour, filtre cette boisson puis ajoute le miel. Remue jusqu'à ce que le miel soit dissous dans le vin en prononçant la formule magique.

Mets ensuite en bouteille ton vin des sorciers que tu réserveras au frais durant trois mois. Ensuite, il suffira de servir un verre de cette liqueur à l'élu de ton cœur pour lui réchauffer le cœur.

Sortilège
de l'amour naissant

Pour renforcer un amour naissant et que le jeune couple s'épanouisse sur des bases solides, tu pourras effectuer ce sortilège un vendredi à midi en lune croissante.

Matériel

- 1 bougie rose (amour croissant)
- 1 bol
- 1 œuf frais de ferme (naissance, croissance)
- 3 cheveux de chaque personne formant le couple
- 1 petite poignée de fleurs de violettes fraîches ou sèches (amour, bonheur)
- 2 pincées de romarin (stabilité, longévité)

Allume la bougie en visualisant une énergie rose chaleureuse émaner de la flamme.

Dans un bol, casse l'œuf en deux afin de conserver son contenu et réserve la coquille devant la bougie rose.

Dans le bol, ajoute les cheveux de chaque personne en visualisant le couple se serrant dans les bras, visages souriants.

Puis ajoute les violettes et le romarin en appelant leurs pouvoirs respectifs. Remue l'ensemble dans le sens des aiguilles d'une montre à l'aide d'une cuillère, et prononce :

« L'amour va croissant,
Grandissant va le bonheur !
Mère de tous les enchantements,
La magie fait mon labeur ! »

Dans chaque moitié de coquille d'œuf, verse à l'aide de ta cuillère le mélange obtenu. Rassemble les deux coquilles de façon à pouvoir les sceller ensemble sans faire couler son contenu.

Prends ensuite la bougie rose, puis en la penchant, verse la cire sur la jointure des deux coquilles d'œuf et sur l'ensemble afin de refermer l'œuf solidement. En faisant cela, prononce trois fois la formule magique.

Lorsque la bougie est complètement coulée sur l'œuf et la cire bien sèche, tu peux le déposer dans un cours d'eau. Il peut s'agir d'un ruisseau, d'une rivière, d'un fleuve... mais jamais au bord d'une mare ou d'un étang où l'eau est stagnante.

Tourne le dos et rentre chez toi sans jamais te retourner.

La pervenche

Au cœur de la forêt, mais aussi parfois dans les haies, jusqu'à 1 300 mètres d'altitude, s'épanouit la pervenche, appelée aussi « violette des sorciers ». Nous la récoltons uniquement en mars, la première et la treizième nuit du cycle lunaire, lorsque son pouvoir arrive à son paroxysme. Il ne faut jamais rassembler ces deux récoltes ensemble : chacune devra être stockée dans des pots différents pour ne pas confondre leurs actions magiques.

Cette vivace rampante mesure de 15 à 20 centimètres, possède des feuilles opposées ovales et brillantes et des fleurs bleu-violet à cinq pétales. Appelée également « violette des morts », il est de coutume d'en suspendre un brin fleuri dans le hall d'entrée afin de protéger le foyer des mauvais esprits. Comme pour tous les travaux liés aux morts, aux esprits, à l'au-delà et aux sorciers noirs, on utilisera les récoltes de cette herbe à la capucine de la treizième nuit lunaire.

Ainsi, tu pourras faire macérer durant 44 jours au moins, dans un endroit sombre, des feuilles et fleurs de pervenche dans une huile d'olive. Cette préparation servira à nourrir le bois de ta planche Ouija tout en la protégeant des contacts avec des esprits maléfiques ou perturbés.

Afin d'empêcher un sorcier de pratiquer de la magie noire sur toi, tu pourras prendre une tige de cette plante dont tu feras trois nœuds. Il te faudra la jeter dans le terrain ou la boîte aux lettres de ton ennemi, tout en crachant en direction de sa porte d'entrée, afin de contrer les mauvais sorts. Souffler à son visage des fleurs de pervenche réduites en poudre l'empêchera à jamais de pratiquer les arts sombres.

Pour libérer une âme errante, tu utiliseras, un dimanche, un morceau d'écorce de chêne sur lequel tu graveras le nom du défunt et trois croix à l'encre noire. Sur cette écorce, tu noueras cinq brins de pervenche avec un fil de laine noire. Tu adresseras une prière pour le repos de son âme à ton (tes) dieu(x). Puis tu enterreras ce charme au plus près de la tombe du défunt, en traçant trois croix sur la terre qui le recouvre et en priant l'âme de se libérer de son fardeau.

D'autres propriétés magiques nourrissent les pervenches cueillies la première nuit de lune. Lorsque tu utilises une dagyde ou tout autre support de sortilège d'amour, une tresse de trois longues tiges de cette fleur des poètes pourra servir à entourer l'objet magique afin de sceller le charme.

Les feuilles ajoutées dans un encens apporteront l'abondance. Une racine dans le portefeuille attirera l'argent. Tu pourras aussi prendre soin de placer au centre d'un tissu vert trois de tes cheveux, trois brins de pervenche et une pièce en argent. Après avoir rabattu les bords, tu noueras comme un baluchon ce sachet avec un fil de laine vert. Ce sachet placé dans le mur le plus au sud de ton foyer apportera la sécurité financière. Mais prends garde de ne jamais l'ouvrir, sinon les ennuis commenceront.

Afin de calmer les ardeurs des créanciers, tu placeras dans une lettre de réclamation deux racines de pervenche. Il te faudra la clouer sur le tronc d'un chêne un jeudi sous la lune croissante. Bien que ce sort n'efface pas les dettes, il apporte de la patience à ton créditeur pour te laisser le temps de résoudre tes obligations.

Viens avec moi ! Découvrons une autre plante magique près de ce tas de pierres abandonné !

Talisman
contre les mauvais esprits

Le sorcier de campagne œuvre avec des forces de notre monde et des plans subtils, que ce soit en osmose avec elles ou pour s'y opposer. Tu dois veiller à te protéger correctement pour avancer sereinement sur la voie des sorciers. Voici un talisman simple mais efficace, qui fera office de bouclier. Tu devras le créer un samedi soir en lune croissante.

Matériel

- 1 carré de tissu blanc
- 1 petite fiole d'eau bénite (protection divine)
- 3 fleurs de pervenche de la 13e nuit (protection)
- 1 racine d'ortie (barrage)
- 1 pincée de fleurs d'achillée millefeuille (protection, renvoi)
- 1 de tes cheveux
- 1 fil épais et solide blanc

Installé face au sud, dépose tes ingrédients au centre du tissu blanc, en faisant appel à leurs pouvoirs respectifs. Lorsque tu ajoutes ton cheveu, nomme-toi par ton nom complet de naissance, et de sorcier si tu en possèdes un.

Rassemble les coins de ton sachet magique et lie-le en effectuant trois tours avec le fil blanc, puis fais trois nœuds.

Prononce les paroles suivantes :

« En avant ou en arrière,
Vers notre destin nous allons.
Que cette magique protection
Me protège des esprits délétères ! »

Garde sur toi ce talisman lorsque tu dois te déplacer. Tu peux l'accrocher dans la pièce à vivre de ton foyer ou sur ton autel de sorcier. Ce talisman est à renouveler tous les ans.

Sortilège
attrape-sous

C'est bien connu : l'argent ne fait pas le bonheur. Mais ne plus s'inquiéter des fins de mois soulage de bien des tracas. Voici un sortilège pour attirer l'argent et ne manquer de rien, que tu pourras accomplir un jeudi au matin en lune montante.

Matériel

- 1 petit bol ou une coupelle en cuivre jaune
- 1 aimant neuf (attraction)
- 1 pièce de monnaie
- 1 bouquet de 7 brins de pervenche de la 1re nuit (abondance)
- 3 épis de blé (argent, prospérité)

Place l'aimant dans le bol puis au-dessus la pièce de monnaie en prononçant :

« Par la magie, que cet aimant
Fructifie et attire l'argent ! »

Ajoute ensuite le bouquet de pervenches et les épis de blé dans le bol en prononçant :

« Abondamment, clopin-clopant,
Accourt à moi l'argent ! »

Dépose cette coupelle près de l'endroit où tu as l'habitude de ranger ton sac à main ou ton portefeuille. Ce sortilège doit être renouvelé l'année suivante.

La chélidoine

Dans les lieux frais, les décombres et près des murs, pousse jusqu'à 1 500 mètres d'altitude la chélidoine. Son autre nom d'herbe aux hirondelles lui vient du grec *chelidôn*, hirondelle, puisqu'elle fleurit dès l'arrivée de ces oiseaux chantant le printemps.

Autrefois utilisée dans la création d'onguents contre les verrues, elle est aussi appelée « herbe aux verrues ». Cependant, son suc laiteux jaune orangé contient des alcaloïdes de type narcotiques qui rendent cette plante toxique : il ne faut surtout pas la consommer, et il est impératif de se laver rapidement et abondamment les mains au contact de ce suc.

De 20 centimètres à 1 mètre de haut, la chélidoine porte fièrement des fleurs jaunes à quatre pétales en croix dès le mois de mai. Toutefois, on ne récolte que les racines et les feuilles molles lobées, semblables à celles du chêne, avant la floraison pour nos actions magiques, et ce toujours à midi en lune décroissante ou noire.

Pour la petite histoire, cette « grande éclaire », autre nom de la chélidoine, entrait dans la composition de certains onguents de vol des sorciers puisqu'elle favorisait les hallucinations lorsqu'elle était associée à d'autres plantes dangereuses.

Pour chasser la dépression du malade, tu placeras des racines et des feuilles de cette herbe aux boucs, que tu auras pris soin de récolter en lune décroissante, dans un sachet de tissu bleu. Le malade devra porter ce sachet au plus près de son cœur pour recouvrer la joie et l'optimisme.

Il arrive parfois dans notre pratique de devoir faire des choix difficiles. La frontière entre la vile sorcellerie et celle au service du bien est souvent fine. Par exemple, un rituel d'amour sans l'accord des deux protagonistes ne respectera pas le libre arbitre de l'un : on frôle la limite qui mène à la voie sombre. Lorsque le doute t'assaille, tiens une racine de chélidoine récoltée en lune noire dans ta main gauche et porte-la à ton front. Ferme les yeux, concentre-toi sur le choix à faire. La réponse te sera donnée en vision ou pensée, toujours au plus juste, dans le respect de l'équité.

Les feuilles et les racines récoltées en lune noire entrent dans la composition de sortilèges visant à renvoyer les ensorcellements et attaques magiques de tes ennemis. Sache cependant que la chélidoine est toujours juste : lorsqu'elle est employée en magie noire, elle étouffera l'acte magique pour le rediriger directement au mauvais praticien selon le principe du choc en retour !

Approchons-nous de cette prairie remplie de « salades de taupes »... Elle a des mystères à te révéler...

Protection
en justice

On peut avoir affaire à la justice pour de nombreuses raisons en tant que victime : agression, vol, signalement, préjudices divers... Bien qu'une telle situation soit extrêmement stressante, cette protection sera utile aux justes ! Mais attention : elle ne peut être utilisée que par les victimes ! Car la chélidoine est toujours juste et son jugement est plus sûr que celui des hommes. Tu agiras la veille d'une affaire en justice, à midi.

Matériel

- 1 bougie noire
- 1 racine de chélidoine de lune noire (justice)
- 1 petit rameau de chêne (justice)
- 3 cheveux de la victime
- 1 fil noir

Allume la bougie, puis assemble côte à côte la racine de chélidoine et le rameau de chêne. Passe-les rapidement au-dessus de la flamme en prononçant :

« [Nom de la victime] a besoin de la justice divine,
Que ceux qui lui font tort se débinent
Et que leur protection décline !
Au jugement ils se destinent ! »

Puis ajoute les cheveux de la victime à la chélidoine et au rameau de chêne, et enroule le fil noir autour de l'ensemble obtenu. Tout en scellant le sort de quatre nœuds avec le fil noir, prononce à nouveau la formule magique.

Laisse la bougie se consumer entièrement. À la tombée de la nuit, enterre ce sortilège en terre consacrée (cimetière, terrain entourant une église ou une chapelle, etc.). Éloigne-toi à reculons de seize pas, en faisant face au sortilège enterré et en prononçant la formule magique. Rentre chez toi sans y penser davantage : les dieux feront le reste !

Le pissenlit

Voici un simple qui pousse partout jusqu'à 2 000 mètres d'altitude presque toute l'année, bien que sa récolte magique ne s'effectue qu'au printemps. Peut-être as-tu croisé le pissenlit dans d'anciens grimoires sous le nom de « florin d'or » ou de « couronne de moine » ? Ces appellations lui viennent de sa fleur aux multiples pétales jaune vif, ouverte dès le lever du soleil.

Tu récolteras les fleurs de cette dent-de-lion un jeudi à l'aube, en lune croissante, afin de les frotter sur tes dagydes ou sortilèges d'abondance et d'argent. Le pollen d'or apportera sa puissante magie tout en colorant ton support. Tu prendras soin d'ajouter ces fleurs à tes bouteilles sorcières visant l'abondance et l'accroissement financier.

Mesurant de 5 à 50 centimètres, cette laitue-du-chien possède de longues feuilles en rosette, diversement roncinées. Ces feuilles seront récoltées dans le même respect des traditions sorcières que les fleurs pour tous travaux d'abondance et d'argent. Brûlées en encens, elles favoriseront l'abondance et la chance.

Mais pour l'invocation des esprits et la divination, il te faudra faire une récolte à part. Tu t'activeras à la tombée du jour en lune décroissante pour remplir ton panier de feuilles et de racines de pissenlit que tu prélèveras uniquement aux carrefours ou aux abords d'un cimetière. Tu devras les faire sécher à l'abri de toute source de lumière.

Ces feuilles et racines réduites en poudre serviront d'encens à brûler pendant une invocation. Le guérisseur utilisera cette poudre mêlée à de l'eau bénite pour tracer trois croix sur le front du consultant durant un exorcisme. Elle permet d'obliger l'esprit malin à donner son nom, nécessaire au bannissement.

Placer une racine de pissenlit dans l'oreiller du dormeur favorise les messages oniriques d'un proche décédé. Cette racine sera ensuite portée en offrande sur la tombe de cette âme pour la remercier.

Pour révoquer un esprit trop insistant, tu lui ordonneras son départ tout en plantant trois aiguilles non rouillées dans une racine de cette pichaulit. Tu placeras cette racine sur le mur le plus à l'ouest du foyer de hantise.

Un mercredi en lune pleine ou décroissante, tu utiliseras les feuilles fraîches pour recouvrir tes boules de cristal et pendules. Il ne doit pas rester un seul millimètre de tes outils en contact avec l'air. Tu les placeras en direction de l'est entourés de sept charbons de bois, chacun piqué de trois aiguilles non rouillées, durant neuf nuits sous les rayons lunaires. Je gage que tes outils de divinations gagneront en puissance.

Mais avançons... Voici un arbrisseau aux fleurs délicates qui semble nous tendre ses branches.

Bouteille sorcière
de chance

La chance est un concept difficile à définir puisqu'elle engage des circonstances qui favorisent le bonheur. La notion de bonheur est différente pour chaque personne puisque nous avons tous des rêves, des envies, des besoins différents. C'est pourquoi une bouteille sorcière ne peut qu'être fabriquée à l'intention d'une personne unique, avec une charge biologique puissante afin que la chance soit attirée vers elle pour réaliser son bonheur. Tu dois créer cette bouteille sorcière un jeudi, lorsque le soleil est à son zénith et en lune croissante.

Matériel

- 1 bougie verte
- 1 bouteille en verre avec un bouchon hermétique
- 1 petit aimant (attraction, chance)
- 1 mèche de cheveux et 3 ongles de la personne à qui est destiné le sort
- 1 trèfle à quatre, cinq ou six feuilles séché ou frais (chance, succès)
- 1 plume de pie (chance, prospérité)
- 3 fleurs de pissenlit séchées ou fraîches (chance, réalisation des vœux)
- 3 glands de chêne séchés ou frais (chance, prospérité)
- 1 feuille de fougère récoltée un jeudi à l'aube, séchée ou fraîche (chance, abondance)
- 1 entonnoir
- De l'eau de source

Pour mettre au point cette bouteille sorcière, tu dois te positionner face au nord. Place ensuite ta bougie le plus au nord de ton plan de travail, puis allume-la en prononçant cette incantation :

« Par la puissance de Jupiter
Que [nom de la personne visée] devienne prospère ! »

Place dans cet ordre les ingrédients à l'intérieur de la bouteille : l'aimant, la mèche de cheveux, les trois ongles, le trèfle (que tu peux remplacer éventuellement par un trèfle à trois feuilles, cependant l'effet ne sera pas aussi puissant), la plume de pie, les pissenlits, les glands de chêne et la fougère en prononçant à chaque ajout la formule suivante, tout en visualisant une énergie verte entrer dans la bouteille :

« À [nom de la personne visée] la chance est liée !
Car ainsi les lois de l'Univers l'ont décidé !
Le pouvoir qui réside dans l'espoir
Se transforme en art du recevoir ! »

Puis, à l'aide d'un entonnoir, remplis la bouteille jusqu'au goulot d'eau de source. Visualise en même temps l'énergie verte contenue dans la bouteille se colorer et se mélanger au liquide et prononce à nouveau la formule précédente.

Referme bien la bouteille : celle-ci ne devra plus être ouverte ! La charge qu'elle contient va augmenter en puissance au fil des lunes et des ans. Prends la bougie verte et penche-la pour verser la cire sur le bouchon et sceller ainsi le sort. Rends-toi ensuite en extérieur, puis tends cette bouteille à bout de bras en direction du soleil et prononce :

« Ô toi, astre rayonnant,
Scelle ma magie dans l'espace et le temps !
Par la puissance de Jupiter
[Nom de la personne visée] accueille la
chance d'une main de fer ! »

Cette bouteille doit être placée dans le foyer de la personne pour qui le sortilège est construit, à l'abri des regards (soit dans la partie la plus au nord d'un grenier ou d'une cave, soit dans un mur ou un plafond – ce qui nécessite quelques travaux – ou encore dans un placard ou au-dessus d'un meuble, toujours en direction du nord).

LIBÉRER LA MAGIE

Afin de libérer le sortilège pour des raisons diverses (décès de la personne, décision d'annulation du sort, etc.), il suffira d'enterrer cette bouteille sorcière dans un espace naturel (pré, parc de ville, jardin, forêt...). L'Univers se chargera de libérer en douceur l'énergie contenue sans porter atteinte à l'équilibre naturel.

Encens
de spiritisme

De nos jours, le spiritisme est pratiqué sous différentes formes. En effet, les avancées et les découvertes technologiques permettent de diversifier et faciliter les communications avec l'autre monde. Que tu emploies une planche Ouija, un guéridon traditionnel ou des enregistrements par transcommunication instrumentale, voici un encens qui rendra une séance de spiritisme efficace en facilitant l'invocation d'esprits précis et en assurant ta protection. Tu devras le fabriquer un samedi au crépuscule et en lune décroissante.

Matériel

- 1 mortier et 1 pilon
- 2 pincées de feuilles et racine broyée de pissenlit séché (invocation, spiritisme)
- 1 pincée de feuilles d'absinthe séchées (spiritisme, purification)
- 1 pincée de fleurs de lilas blanc séchées (invocation, protection)
- 1 pincée d'encens de myrrhe (protection, mutation)
- 6 poils de chat noir coupés en petits bouts (invocation, spiritisme)
- Du miel liquide

Réduis les ingrédients au mortier le plus finement possible en visualisant une énergie blanche et lumineuse émaner de ceux-ci.

Ajoute au compte-gouttes une petite quantité de miel liquide afin de lier les ingrédients et d'obtenir une préparation homogène.

Façonne ton encens de manière à lui donner la forme de plusieurs petites boules, puis laisse-les sécher à l'air libre quelques jours. Tu pourras utiliser cet encens lors de tes fumigations de purification.

L'Aubépine

Asseyons-nous un instant sous les branches de cet arbrisseau qui mesure jusqu'à 4 mètres de hauteur. Voici l'aubépine, dont les fleurs blanches ou rosées, à cinq pétales libres, poussent d'avril à juin. Elles seront remplacées par des baies rouges ovoïdes que l'on récoltera fin septembre.

Tu trouveras cette épine blanche sur tout type de terrain jusqu'à 1 600 mètres d'altitude. Cet arbuste peut atteindre l'âge vénérable de 500 ans, ce qui lui octroie des vertus magiques de longévité, que l'on emploiera en prélevant l'écorce sur les rameaux fleuris en lune croissante à l'aube. Réduites en poudre, ces écorces serviront essentiellement aux charmes de guérison et de santé.

Il existe cependant une utilisation spécifique de l'écorce d'aubépine. Récoltée en lune noire, tu utiliseras cette écorce réduite en poudre pour apaiser l'âme d'un pendu. Pour cela, mélange cette poudre obtenue à de l'eau bénite, puis masse la corde du pendu avec le mélange obtenu, en priant pour le repos de son âme. Tu enterreras, en lune noire toujours, la corde au pied de l'arbuste d'où provient l'écorce employée.

Le bois de l'épine de mai est tellement dur et solide que nos anciens y taillaient les billots des tortures et supplices. Le bois coupé puis taillé sur l'aubépine fleurie lui confère plus de pouvoirs. Il est donc intéressant d'en faire une réserve pour le reste de l'année. Les tablettes poncées dans ce bois serviront de supports pour graver des protections, désenvoûtements, défenses de levages, etc. qui perdureront.

Tu placeras dans ton foyer une belle quantité de branches de ce bois de mai, prélevées le premier du mois de mai, éparpillées dans chaque pièce, afin de te prémunir des maléfices et des praticiens sombres. Chaque nouveau-né devrait être protégé par une branche d'aubépine placée au-dessus de son berceau. Déposer un rameau fleuri du bois de mai dans le grenier préservera le foyer de la foudre ; dans une étable, un poulailler, un box ou un tas de fumier, il protégera des serpents. Placée sur les ruches, la branche d'aubépine portera chance et chassera le mauvais œil.

Dans ces mêmes intentions de protection, tu pourras utiliser une branche feuillue afin de purifier un lieu : après l'avoir trempée dans un bol d'eau bénite, secoue la branche pour lancer à la volée les gouttes. Tu pourras aussi utiliser cette méthode sur un consultant pour guérir son âme des blessures.

Toujours récoltées le dimanche à l'aube en lune croissante, les feuilles et les fleurs de l'épine blanche serviront tes encens et sortilèges de protection, de purification, mais il te faudra revenir le vendredi pour des intentions d'amour. Les fleurs, fraîches ou sèches, récoltées un dimanche en lune pleine ou décroissante, ajoutées à l'eau du bain, protégeront le médium avant une séance de spiritisme.

Toute l'année, l'aubépine blanche sera ton alliée pour guérir les boiteries de l'homme comme de l'animal. Tu accompagneras le boiteux jusqu'à l'arbuste, en te plaçant derrière lui. Tu observeras le membre douloureux, tu visualiseras le mal former une sphère sombre tout autour. Puis, lorsque tu auras bien canalisé le mal, tu le verras se poser au sol lorsque le pied ou la patte foulera naturellement la terre devant l'aubépine. Tu ramasseras la terre et l'herbe foulées ayant absorbé le mal, après avoir versé de l'eau bénite sur l'endroit. Tu formeras entre tes mains une boule de cette boue malade, puis tu la tasseras sur l'épine blanche, entre ses branches. Il te faudra cracher trois fois au pied de l'arbuste avant de faire demi-tour avec le malade. Vous retournerez alors sur vos pas sans un regard en arrière. La boiterie disparaîtra à mesure que la terre séchera.

Les fruits de l'aubépine seront prêts dès l'automne. Tu récolteras un bouquet de ces cenelles le mercredi en lune croissante et pleine, que tu placeras au cœur de ton foyer pour favoriser l'abondance. Tu peux également ajouter ces baies séchées au four dans un pot-pourri de céréales que tu placeras dans ta cuisine. Elles te garantiront de ne jamais manquer de nourriture et de ne pas connaître la faim.

Les baies d'aubépine cueillies en lune décroissante et pleine un dimanche serviront à la création d'une huile de protection purificatrice que nous concevrons ensemble (voir p. 36).

Regarde maintenant cette sénevé aux grandes tiges et aux fleurs jaune vif ! Elle a quelques secrets à te confier...

Huile de protection
purificatrice

La protection et la purification sont deux notions bien différentes. La protection défend d'une attaque ou d'un danger, tandis que la purification élimine ce qui est nocif. Ainsi, l'association de ces deux intentions dans les travaux magiques prend tout son sens : purifier ne sert à rien si les éléments nocifs peuvent revenir, et protéger ne sert à rien si les dangers déjà mis en action ne sont pas éliminés. Voici un macérat huileux qui te servira pour effectuer ses deux actions complémentaires.

Matériel

- 1 pot en verre avec un bouchon hermétique
- 5 baies d'aubépine fraîches récoltées le jour de la préparation du macérat (protection, purification)
- 1 poignée d'achillée millefeuille (bénédiction, bannissement)
- 1 poignée de rue fraîche (protection, bénédiction)
- 1 poignée d'encens de myrrhe en grain (purification, bénédiction)
- 1 quartz transparent assez lourd pour maintenir les plantes au fond du pot (protection, purification)
- 1 bouteille d'huile végétale

Place tes ingrédients un par un dans le pot en verre en appelant leurs pouvoirs respectifs. Lorsque toutes les plantes sont ajoutées, dépose au-dessus de celles-ci le quartz transparent qui devra les maintenir au fond du pot.

Trace du doigt au-dessus du pot trois croix (ou un autre signe sacré selon tes croyances) et prononce :

« Maintenant et à toute heure
Que cette huile fasse mon bonheur !
Une barrière de protection est érigée
Et l'adversaire est débouté ! »

Ajoute l'huile jusqu'à ras bord du pot en verre, en recouvrant bien les plantes. Celles-ci ne doivent pas entrer en contact avec de l'air que le pot pourrait contenir : cela entraînerait des moisissures qui gâcheraient toute l'huile et tout serait à recommencer.

Répète la formule magique, puis ferme le couvercle du pot. Trace trois croix sur le couvercle du bout du doigt.

Range ton pot dans un endroit à l'abri de la lumière (placard, cellier, etc.). Laisse macérer les plantes durant trois cycles lunaires, puis filtre ton huile de protection purificatrice qui sera alors prête à l'emploi.

Huile d'onction

L'huile obtenue peut servir à oindre des bougies lors de rituels ou de sortilèges de guérison, de bannissement, etc. Tu peux également l'utiliser pour oindre un gri-gri, un talisman, un pentacle ou encore tracer des croix sur chaque ouverture d'un foyer (portes, fenêtres, cheminées, etc.) lors d'une bénédiction. Effectue cette préparation en lune décroissante, un dimanche à l'aube.

Protection
du mauvais œil

Le mauvais œil est souvent généré par la jalousie et apporte le malheur et la malchance à la victime. S'il est tout à fait possible d'envoyer le mauvais œil à quelqu'un volontairement, de nos jours où les réseaux sociaux exposent nos vies au plus grand nombre, il est généralement envoyé tout à fait inconsciemment par des personnes envieuses de ce que la victime montre ou laisse paraître. Voici un talisman efficace qui protégera son porteur en déviant le mauvais œil de son objectif. Conçois-le à la pleine lune et au crépuscule.

Matériel

- 1 petit morceau de bois d'aubépine récolté durant la floraison
- De l'encre de chêne (voir recette p. 47)
- 1 plume d'écriture

Avant de commencer, place-toi en direction du sud. Prends le morceau de bois et souffle dessus par trois fois en visualisant une lumière lunaire, celle des rayons de la lune protectrice, investir le bois. Ta visualisation doit être puissante et te donner l'impression que ce petit bout de bois devient aussi réfléchissant qu'un miroir.

Puis, avec une plume d'écriture, trace lentement un œil sur le bois à l'aide de l'encre de chêne. Tu peux tracer un œil quelconque, un œil d'Horus par exemple, ou encore jouer avec ta fibre artistique : l'aspect n'a aucune importance tant que la forme de l'œil et de la pupille est bien visible.

Puis, pendant une nuit complète, laisse le talisman obtenu en contact avec les rayons lunaires en prononçant cette formule :

« Oculus custodit malum. »
« Œil garde le mauvais. »

Le lendemain, le talisman sera prêt dès l'apparition des premiers rayons solaires. Tu devras toujours porter ce talisman sur toi. Si cette protection peut être cachée dans une poche, tu peux également percer un trou sur son bord supérieur afin de la porter en pendentif : plus elle sera visible, plus elle sera efficace.

La moutarde noire

La moutarde noire est une plante adventice que l'on trouve en bordure de chemin, jusqu'à 1 000 mètres d'altitude. De 20 centimètres à 1 mètre de hauteur, cette plante aux feuilles pétiolées porte sur sa hampe florale des fleurs jaunes d'avril à juin, qui se transforment en capsules contenant des graines brun-noir. Ces graines de moutarde seront mûres de juin à septembre, nous les récolterons donc cet été.

Au printemps, nous récoltons des fleurs de ce sénevé noir. Cueillies à l'aube en lune pleine, tu les emploieras dans des sachets de protection pour les femmes enceintes. Pour une action plus puissante, tu prendras soin de réduire en poudre ces fleurs séchées. Un dimanche, tu utiliseras un œuf entier, préalablement vidé en perçant un trou à chaque extrémité puis en soufflant par l'un de ces trous. L'une de ces perforations devra être assez large pour y glisser un petit papier roulé sur lequel tu auras inscrit le nom de la mère. Puis tu inséreras dans l'œuf la poudre de moutarde, ainsi que des grains de blé, de la farine et du sel. Tu entoureras l'œuf d'un fil de laine rouge de 30 centimètres de longueur, puis tu effectueras trois nœuds. Afin de protéger l'enfant à naître, cet œuf devra être placé dans son berceau jusqu'à sa naissance. Après celle-ci, l'œuf sera déposé dans un cours d'eau tels une source, un ruisseau ou une rivière.

Arrivés à maturation, les grains de moutarde sont des activateurs de dagydes. Pour cela, il te faudra des grains que tu auras glanés le matin en lune pleine. Tu pourras les inclure dans la création de ta dagyde, qu'elle soit de cire, de tissu, de plâtre, d'argile ou en toute autre matière. L'énergie de la moutarde lui donnera le souffle de vie nécessaire à la réussite du sort.

Recueillis en lune décroissante l'après-midi, les grains de moutarde ont des vertus destructrices et combatives du mal. Ils sont employés dans la création d'encens ou encore ajoutés à des eaux d'exorcisme pour lutter contre les influences négatives et les infestations.

Si tu découvres un maléfice de campagne (comme un clou planté dans une empreinte de pas ou des nœuds réalisés avec des crins de chevaux ou bovins) dans un lieu, il est bon d'utiliser des grains de cette moutarde officinale en lune décroissante contre le support de cette magie noire. Je n'entrerai pas dans les détails ici, mais sache que ces sortilèges néfastes se trouvent sous de nombreuses formes, parfois choquantes : un cœur de bœuf, un œuf encloué, une pelote de laine, une statuette, un tesson de bouteille enrubanné… Avant de contrer ces maléfices, de les combattre, il faut détruire leurs influences en jetant une poignée de grains de moutarde de la main gauche, tout en effectuant trois croix de ton index droit tendu devant toi. Enfin, tu cracheras par trois fois au pied du maléfice afin d'éliminer les énergies négatives que tu as pu « encaisser » au moment de la découverte de l'objet.

Mais avançons un peu ! Observe ce tapis de fleurs blanches dans ce sous-bois !

Eau d'exorcisme

L'exorcisme est pratiqué par toutes les religions, sur tous les continents. Il ne s'agit pas d'une action bénigne : l'exorcisme est dangereux pour le praticien autant que pour la victime d'une possession. Pour cette raison, je ne transmettrai pas ici les différents rituels que j'ai pu collecter et employer au fil du temps. Je te confie toutefois cette recette qui a fait ses preuves, elle te servira peut-être un jour. Tout en respectant tes convictions religieuses, l'eau d'exorcisme ajoute à tes actions toute la puissance innée des plantes, et l'énergie de certaines d'entre elles crée une véritable arme naturelle contre la possession.

Matériel

- 1 bouteille en verre
- 1 poignée de fleurs fraîches ou sèches et/ou de grains de moutarde noire (destruction du mal)
- 1 poignée de fleurs et feuilles mélangées fraîches ou sèches d'aigremoine (bannissement, combat)
- 1 tige fraîche ou sèche d'angélique coupée en morceaux (exorcisme, bénédiction)
- 1 litre d'eau de source
- 10 ml de macérat de vinaigre d'anémone des bois (exorcisme, guérison de l'âme) (voir p. 40)
- 5 ml d'alcool à 90°

Procède un dimanche ou un lundi en lune croissante, le matin. Dans une bouteille en verre, place des fleurs ou des grains de moutarde noire tout en demandant à la plante d'activer ses pouvoirs. Puis effectue la même opération avec les fleurs et feuilles d'aigremoine et la tige d'angélique.

Bénis le mélange obtenu et l'eau de source réservée à part selon les rites de tes croyances. Puis, dans la bouteille, ajoute doucement l'eau bénite tout en visualisant la solution devenir lumineuse, vibrant de l'énergie divine.

Ajoute ensuite le macérat de vinaigre d'anémone des bois et l'alcool à 90° qui te permettront de conserver durant trois mois ton eau d'exorcisme au réfrigérateur, tout en assurant une charge puissante à l'exorcisme.

Savoir magique

Cette eau sera utilisée après un rituel d'exorcisme ou pour vérifier un cas de possession ou d'emprise. Elle est également conseillée lors de la libération d'un lieu infesté par des entités négatives. Pour cela, asperge de gouttelettes d'eau d'exorcisme la personne ou les murs intérieurs et extérieurs qui semblent infestés avec tes doigts, ou encore avec une branche d'olivier ou une tige fleurie d'achillée millefeuille. Procède ainsi en récitant les prières recommandées par tes croyances, tout en visualisant une lumière divine éclatante faisant reculer la source du mal. Un exorcisme peut durer de longs mois comme de longues années. Il est important que la personne infestée effectue un suivi psychologique et médical régulier. De même, il est nécessaire que l'exorciste fasse preuve d'une foi puissante et infaillible.

L'ANÉMONE DES BOIS

L'anémone des bois est une plante toxique et irritante. Il te faudra donc prendre garde à sa sève et porter des gants au moment de la récolte. Tu trouveras cette plante partout en France dans les bois frais et les berges jusqu'à 1 700 mètres d'altitude, à l'ombre des feuillus.

Cette grenouillette blanche, mesurant jusqu'à 25 centimètres, est une rampante fragile portant des fleurs blanches ou roses formées de 6 à 8 pétales ovales de mars à mai. Ses feuilles sont palmées à lobes découpés à la base. Elle devient inoffensive au séchage, perdant toute toxicité. La plante entière disparaît après la floraison.

L'anémone sanguinaire, bien que toxique lorsqu'elle est fraîche, est une plante aux vertus magiques de guérison. Tu prendras soin de la récolter uniquement le jour du vendredi saint catholique. Il te faudra donc agir le jour même pour les utilisations employant la plante fraîche et faire en une journée tes réserves annuelles.

En macérat huileux, par macération de feuilles et fleurs durant 44 jours dans une huile d'olive à l'abri de la lumière, seule ou associée à d'autres plantes magiques de guérison, la fleur du vendredi saint apportera aux bougies, aux pierres et autres outils du sorcier une énergie puissante de guérison et d'amplificateur des soins. À cet effet, il te suffira d'oindre ton matériel de cette huile sorcière.

Pour favoriser la guérison du malade, tu placeras trois brins fleuris de la fleur de Pâques attachés à l'aide d'un brin de laine bleu ciel sous l'oreiller du patient. En macérat de vinaigre, par macération des feuilles et fleurs durant 44 jours dans un vinaigre d'alcool à l'abri de la lumière, cette pâquette sera un ingrédient nécessaire à la création d'une eau d'exorcisme, apportant ainsi la guérison de l'âme du lieu ou de la personne possédés.

En séchage, tu veilleras à placer les fleurs et les feuilles en pots séparés. Seules les fleurs séchées seront utilisées dans la création de tes encens de guérison. En cas de grossesse difficile, tu écriras sur un papier carré le nom complet de la future mère. Tu plieras en quatre cette feuille, puis tu traceras une croix sur chaque face de ce pli avec ton index droit ayant trempé dans le macérat de ce coqueret blanc. Puis, dans un tissu bleu, tu placeras au centre un nid de feuilles séchées de l'anémone des bois, sur lequel tu déposeras le papier béni. Tout en priant la guérison auprès de tes dieux en faveur de la consultante et son enfant, tu couvriras de sel puis de nouveau de fleurs séchées de la sylvie le papier portant son nom. Tu rabattras les coins du tissu bleu que tu fermeras à la façon d'un baluchon à l'aide d'un fil de laine blanche en faisant trois tours du sachet. Enfin tu scelleras le sortilège par trois nœuds. La future maman devra porter ce charme tout au long de sa grossesse.

Posons-nous un instant à l'ombre des bras de ce vieux sage. Il est un véritable compagnon du sorcier...

Sachet sorcier
de guérison

Ce sachet sorcier est conçu pour favoriser la guérison et l'efficacité des soins entrepris pour soigner le malade. La maladie frappe quand on s'y attend le moins. S'il est préférable de préparer ce sachet un dimanche à l'aube et en lune croissante ou pleine, tu peux le mettre au point au plus vite en cas d'urgence en attendant d'en créer un nouveau sous des correspondances favorables.

Matériel

- 1 carré de tissu bleu clair
- 1 poignée d'anémone des bois séchée (guérison)
- 7 baies de gui séchées (guérison, bénédiction)
- 3 baies séchées de morelle douce-amère (protection, guérison)
- 3 pincées de sel (guérison, protection)
- 1 rondelle de cuivre (canalisation, protection, guérison)
- 1 ficelle bleu clair ou blanche

Installé face à l'ouest, dépose les ingrédients un à un au centre du tissu bleu, en faisant appel à leurs pouvoirs respectifs.

Rassemble les coins du tissu bleu clair et lie-les en effectuant trois tours avec la ficelle. Puis fais trois nœuds en prononçant les paroles suivantes :

« Douleur je te barre,
Maux je vous croise,
Affection je te panse !
Que les anges des Cieux veillent sur
[Nom et prénom du malade] ! »

Place cette protection sous l'oreiller du malade. Ce talisman est à renouveler tous les mois s'il s'agit d'une maladie de longue durée.

TALISMAN
DU GUÉRISSEUR

Voici un talisman simple qui favorisera le pouvoir du soin tout en protégeant les guérisseurs qui absorbent les maux. Plus ce talisman sera utilisé, plus il aura de pouvoir pour son possesseur. Cependant, ce pouvoir s'éteint lorsque le talisman est transmis. Tu dois le préparer un dimanche ou un lundi, lorsque le soleil est à son zénith, en lune pleine ou croissante.

Matériel

- 1 tige de sureau de 7 cm de longueur et 3 cm de largeur
- 1 fine tige de métal rigide non oxydée (fil de fer, baguette de cuivre...)
- 1 bougie en cire d'abeille
- 7 fleurs d'anémone des bois séchées (guérison)
- 3 baies de morelle douce-amère séchées (protection, guérison)
- 1 petite tige de fil de cuivre (canalisation, protection, guérison)

À l'aide de la tige de métal non oxydée, enlève avec patience la moelle au creux du bois de sureau, en soufflant régulièrement sur celui-ci. Lorsque ton bâton de sureau est entièrement creusé, allume la bougie en visualisant une énergie bleu ciel émaner de sa flamme et se répandre sur tes ingrédients.

Fais couler la cire sur une extrémité de la tige de sureau. Modèle cette cire avec tes doigts, rajoutes-en si besoin, de manière à créer un bouchon solide. Souffle sur l'ensemble, toujours en visualisant l'énergie bleu ciel envelopper ton matériel.

Un à un et dans cet ordre, insère dans le tube de bambou les sept fleurs d'anémone des bois, les trois baies de morelle douce-amère puis la petite tige de cuivre. Souffle dans le tube par sept fois en visualisant l'énergie bleu ciel remplir le talisman.

Enfin, à l'aide de la bougie, fais couler la cire de manière à créer un nouveau bouchon de cire dans la seconde extrémité du talisman. Pour utiliser celui-ci, le guérisseur doit tenir et frotter entre ses mains le talisman avant et entre chaque soin. Cela ne le dispense pas de se laver les mains pour éliminer les résidus énergétiques après un soin.

SAVOIR MAGIQUE

Les guérisseurs soulagent des maux divers grâce à l'effet curatif de l'imposition des mains ou des passes à distance. Définir tous les types de guérisseurs mériterait l'écriture d'un ouvrage complet sur le sujet, car tous ne soulagent pas de la même façon. Certains envoient une énergie curative tandis que d'autres absorbent le mal tout en envoyant une énergie curative. Par exemple, certains leveurs de verrues vont développer sur eux une verrue morte dans les jours suivant un soin, qui disparaîtra d'elle-même, en même temps que celle du consultant.

LE CHÊNE

Le chêne, allant jusqu'à 40 mètres de hauteur, et dont on compte huit espèces en France, pousse naturellement en colline, forêt et talus jusqu'à 500 mètres d'altitude partout en France, à l'exception du pourtour méditerranéen.

Ses feuilles vert foncé sur le dessus, plus claires sur le dessous, bordées de festons arrondis, seront récoltées en juin. Tu laisseras ses chatons poussant d'avril à mai sur les branches: ils donneront les glands que tu cueilleras à l'automne. Les noix de galle, ces excroissances rondes dues au cynips (un parasite), seront récoltées en juin et juillet (avant la sortie de l'insecte qui s'y niche).

Le chêne est l'arbre de la force. Vivant facilement plus de 500 ans, il a été de tout temps l'allié du guérisseur, tant pour lui offrir son aide et sa force que pour absorber les maux. Tu devras choisir un chêne allié à cet effet uniquement, et non pour les récoltes. Tu devras obtenir son accord (visualise ta demande et pose tes mains ou ton front sur son écorce), car il sacrifiera son énergie vitale.

En toute saison, tu pourras utiliser l'aide précieuse de cet arbre. Il est de coutume de transférer les maux au chêne; pour cela il existe différentes méthodes. En voici deux. Tu frotteras l'emplacement des maux d'un consultant avec un long clou non rouillé, en visualisant le mal investir le clou, que tu réserveras ensuite dans un tissu blanc. Trace trois croix sur l'emplacement du mal tout en y crachant trois fois. Puis tu porteras le clou « empesté » à ton chêne. Tout en plantant le clou dans son tronc, tu prononceras trois fois ces mots:

« Pars et disparais.
Ce n'est pas là ta place
Ni là ni ailleurs
Mais au sommet d'un chêne. »

Cette méthode d'enclouage est identique à la méthode de ligature. Pour celle-ci, tu remplaceras le clou par un vêtement du patient. De la même façon, tu frotteras l'emplacement du mal avec le tissu et emploieras le même rituel. Mais au lieu de planter le vêtement sur le tronc du chêne, tu l'accrocheras en faisant un nœud à la branche de l'arbre.

En cette saison, tu récolteras l'écorce gris-brun du chêne qui noircit en vieillissant en lune montante ou pleine. Après le séchage de celle-ci, tu pourras la réduire en poudre afin de l'inclure dans la création d'encens de purification ou de guérison.

Le premier jour de mai, tu prélèveras quelques rameaux d'un vieux chêne. Tu confectionneras le jour même des croix avec ces rameaux. Liée par un fil de laine rouge, cette croix suspendue dans le cœur du foyer protégera ses habitants du mal et des attaques magiques. Liée par un fil de laine bleu ciel, cette croix apportera la force de guérison au malade. Liée par un fil de laine blanc, cette croix apportera la puissance du chêne lorsqu'elle est accrochée à l'endroit où le sorcier pratique sa magie. Liée d'une bande de tissu provenant d'un vêtement d'un suicidé, cette croix apportera la paix au défunt lorsqu'elle est déposée sur sa tombe accompagnée de prières. N'oublie pas de déposer les croix de l'année précédente dans un cours d'eau non stagnante (rivière, ruisseau, source, fleuve, mer...).

Nous reviendrons en pleine lune de juin afin de récolter les feuilles. Tu garderas la première feuille cueillie dans ton porte-feuille : elle apportera abondance et prospérité. Placer des feuilles de chêne dans l'armoire ou la commode, sous les sous-vêtements, protégera des maléfices d'aiguillettes ou d'embarrement. Elles pourront même augmenter la libido ! Tu pourras aussi les ajouter à des sachets magiques de guérison, de protection, dans des dagydes de délivrance, à des encens, etc. Tu trouveras quelques recettes dans ce livre-sentier (voir p. 13, 63 ou 125).

En juin et juillet, les samedis et dimanches en lune montante, il te faudra faire ta réserve de noix de galle. Prends garde de ne pas prendre ces boules brunes si elles sont percées d'un trou ! Si l'insecte s'est enfui, ces noix perdent toutes vertus colorantes. Tu trouveras ci-contre la recette de l'encre de chêne qui te permettra d'écrire des prières, des sorts de guérison et bien d'autres selon tes besoins.

Bien que la noix de galle soit employée comme réceptacle lors des transferts des maux (tu utiliseras la méthode expliquée précédemment, il te suffira d'enterrer la noix au pied du chêne), elle est aussi l'outil de maléfices des mauvais sorciers. Dans ce cas, elle est souvent enclouée ou transpercée d'un tesson de verre. Je te recommande alors d'employer la méthode que je t'ai enseignée avec la moutarde noire (voir p. 39) : tu sauveras certainement la vie d'une personne.

À l'automne, il sera temps de faire provision de glands. Récoltés à l'aube, un dimanche en lune croissante, ils serviront à la conception de colliers. Remis aux enfants, ces colliers leur assureront force et croissance. Remis aux anciens, ils assureront leur longévité. Placer un bol de ces glands dans le cœur du foyer lui apportera protection.

Les glands récoltés un jeudi en lune croissante ou pleine, à l'aube, serviront les sorts d'abondance. Si tu croises ce jour un gland germé, tu le planteras dans ton jardin ou en pot dans ton foyer. Il te faudra en prendre soin : sa croissance t'assurera de ne jamais manquer d'argent et de nourriture. Tu placeras un de ces glands dans le portefeuille d'un endetté, il apprendra alors l'économie et des solutions s'offriront à lui.

Quittons ce vieux sage qui avait tant à t'apprendre.
Grimpons un peu sur la voie des anges...

Encre de chêne

Cette encre sert au sorcier pour tout acte magique courant : inscription sur écorce, sortilège sur papier ou encore sur tissu, écriture de prières, etc. Le pouvoir du chêne agit naturellement dans de nombreux domaines d'intentions sorcières. Cependant, son action amplificatrice de la magie fait de cette encre un outil précieux de sorcellerie.

Matériel

- 1 mortier et 1 pilon
- 50 g de noix de galle entières
- 1 saladier en verre
- 1 litre d'eau de source
- 65 g de sulfate de fer
- 16 g de gomme arabique
- 16 g de pierre d'alun en poudre
- 2 g d'acide phénique
- 1 fiole en verre

Commence tes travaux à la pleine lune. Commence par broyer les noix de galle au mortier. Puis dans un saladier en verre, recouvre les noix écrasées de l'eau de source. Réserve cette mixture quelques jours à l'abri de la lumière, le temps que tout soit recouvert de moisissure.

Transvase cette mixture dans une casserole et porte-la à ébullition à feu moyen. Puis, après avoir laissé refroidir hors du feu, filtre dans un linge blanc le liquide obtenu.

Lorsque l'eau de noix de galle filtrée est à température ambiante, ajoute le sulfate de fer, la gomme arabique, la pierre d'alun en poudre puis l'acide phénique, en prenant soin de bien remuer entre l'ajout de chaque ingrédient.

Si cette encre semble de teinte violette à l'emploi, elle noircit avec le temps. Tu dois la conserver dans une fiole en verre.

Pour un effet noir instantané à l'écriture, il est possible d'ajouter 25 g de poudre de feu (ou noir de fumée).

Poudre de feu

Pour obtenir cette poudre, utilise une cuillère en métal que tu tiens juste au-dessus de la flamme d'une bougie à midi, lorsque le soleil est à son zénith. Une fois que le carbone de la flamme s'épaissit sur le dos de la cuillère, il te suffit de le racler à l'aide d'un couteau au-dessus d'un petit récipient. Il faudra répéter de nombreuses fois cette procédure pour obtenir quelques grammes de poudre de feu.

L'Angélique sylvestre

Ici, dans ce sous-bois frais, mais aussi dans les marais et les prairies humides de toute la France jusqu'à 1 700 mètres d'altitude, pousse l'angélique sylvestre. Cette herbe des anges a de tout temps protégé les hommes contre les maléfices et les entités négatives.

L'angélique sauvage peut atteindre 2 mètres de hauteur. Ses feuilles vertes sur les deux faces, découpées en folioles larges et dentées, devront être récoltées un dimanche en lune croissante, en mai et juin. Tu enterreras trois feuilles fraîches, un dimanche, à chaque coin extérieur du foyer ou de l'étable, du poulailler, etc., afin de protéger le lieu et ses occupants de toutes malédictions.

Les feuilles fraîches de ce panais sauvage seront aussi employées par macérat huileux pour la création des huiles de bénédiction. Pour cela, remplis un pot en verre (fermant hermétiquement) de feuilles, puis verse de l'huile végétale à ras bord de ton pot. Il te faudra consacrer cette huile tous les dimanches, durant 44 jours au moins, par la prière, puis en traçant trois croix (ou un autre signe selon tes croyances) de ton index droit sur le contenant. Lorsque cette huile bénite est préparée dans une huile peu odorante (huile d'amande douce, par exemple), et réservée à l'ombre durant cinq mois au moins, son odeur musquée repoussera tous les démons et mauvais sorciers. Elle servira à l'onction des objets, des bâtiments, des véhicules, des personnes, etc.

L'impératoire sauvage fleurira de juin à septembre ; cependant la fleur ne nous sera pas utile. Il faudra revenir le dernier jour d'octobre, dès midi, pour faire ta réserve de racines. Planter une racine d'angélique des bois à l'est d'un carrefour en fera fuir le Diable.

Tu placeras dans un sachet de tissu blanc une racine de l'herbe du Saint-Esprit, puis tu traceras trois croix de ton index droit avec de l'eau bénite : porter sur toi cette amulette te protégera des envoûtements des mauvais sorciers et du petit peuple.

Ces racines séchées de l'herbe à la fièvre, une fois réduites en poudre et incorporées au vin rituel pour le bénir, apporteront la protection angélique. Afin d'exorciser un lieu ou une personne, tu infuseras trois racines dans une eau de source, dans une casserole à feu doux, tout en priant selon les rites de tes propres croyances. Lorsque l'eau est à ébullition, ajoute sept clous non rouillés dans la casserole. Puis tourne ta cuillère dans l'eau, dans le sens des aiguilles d'une montre durant trois minutes en prononçant ces mots :

« Qui s'y frotte s'y pique
Par la force angélique
Au démon, fais la nique ! »

Hors du feu, tu filtreras le liquide obtenu lorsqu'il aura refroidi. Durant le rituel d'exorcisme, il te faudra asperger le lieu ou la personne de cette eau, et les anges seront à tes côtés pour éradiquer le mal.

Suis-moi ! Partons à la rencontre d'une fleur mauve bien connue...

Sortilège
de délivrance des lieux chargés

Les lieux absorbent les énergies émises par les évènements qui s'y produisent. Ces énergies résiduelles influencent et parasitent ensuite les habitants et les visiteurs de ces lieux. Ce sortilège est destiné aux lieux dans lesquels se sont déroulés des faits graves tels qu'un crime, un suicide, des faits de violence, etc. Cette condensation d'énergies négatives en un seul endroit attire fréquemment d'autres formes de négativités et nocivités : le mal attire le mal. Plus ce sortilège sera effectué tôt après les faits, plus le lieu sera protégé d'une infestation d'entités ou d'énergies négatives.

Matériel

- 1 tige d'angélique sylvestre fraîche ou sèche
- 7 clous non rouillés
- 1 marteau

Choisis la porte principale du lieu, le portail d'entrée ou, à défaut, les volets en bois d'une fenêtre, l'arbre le plus imposant d'une cour ou le plus proche du lieu lorsqu'un fait s'est produit en extérieur (en cas de crime ou de suicide, par exemple). Suis ton intuition de sorcier pour trouver le meilleur endroit où placer ton sortilège.

Place la tige à la verticale sur le support choisi. Puis à l'aide du marteau, enfonce les sept clous de bas en haut tout en visualisant une lumière intense et pure investir l'endroit, en prononçant pour chaque clou la formule suivante :

« Par le pouvoir qui m'est octroyé
Et par la volonté divine supérieure à tout ce qui existe,
Le mal est renvoyé d'ici et ne pourra s'y inviter
Car à la lumière bienfaitrice aucun mal ne résiste ! »

Souffle ensuite par trois fois, de bas en haut, le long de la tige clouée. Enfin, trace une croix de ton index imbibé de ta salive sur chaque clou. Il est de coutume de réciter trois « Notre Père » en faisant face à ce sortilège avant de quitter les lieux. Toutefois, tu peux réciter une prière respectant les rites de tes croyances.

Savoir magique

Si le dimanche est un jour favorable à ce type d'entreprise magique, tu peux pratiquer ce sortilège n'importe quel jour de la semaine, sous toutes les lunes. Le principal est de l'effectuer en journée, sous la protection de la lumière du soleil.

Poudre
ANTI VIL SORCIER

Lorsque le sorcier contre de bas sortilèges ou des envoûtements dans le secteur de son lieu de vie, il comprend souvent qu'il a affaire au même « adversaire ». Le sorcier qui a à cœur de bien agir souhaite protéger de futures éventuelles victimes des mauvaises actions d'un sorcier malveillant. Voici la recette d'une poudre que tout sorcier œuvrant avec bienveillance devrait conserver en permanence avec lui. Prépare cette poudre un mardi à la tombée de la nuit et en lune décroissante.

Matériel

- 1 mortier et son pilon
- 1 poignée de feuilles de gui séchées (combat de la magie noire, ligature de négativité)
- 1 poignée de feuilles de rue séchées (combat de la magie noire, ligature de négativité)
- 1 poignée de poudre de racines d'angélique sylvestre (protection et bannissement du mal, soutien des anges)
- 1 poignée de poudre de racine de valériane (protection, barrage du mal)
- 1 poignée de poudre d'ail (combat de la magie noire, bannissement)

Réduis au mortier les feuilles de gui et la rue en faisant appel à leurs pouvoirs respectifs, jusqu'à obtenir une poudre homogène. Puis ajoute au mélange obtenu la poudre de racine d'angélique, la poudre de racine de valériane et la poudre d'ail en faisant appel à leurs pouvoirs respectifs.

Puis, à l'aide de ta baguette ou de l'index de ta main dominante, mélange la poudre en effectuant des cercles dans le sens horaire et en récitant cette incantation (en prononçant le dernier vers, arrête tes gestes en traçant une croix symétrique dans la poudre obtenue) :

« La poudre portée par le vent
Est plus puissante que des chaînes !
Contre les sorciers indigents
Les ligatures de pouvoir s'enchaînent ! »

Place cette poudre dans un sachet facile d'ouverture que tu pourras conserver dans une poche ou un sac à main. Lorsque tu croiseras ton adversaire, ou lorsque tu passeras devant son domicile, il te suffira de prendre une petite poignée de cette poudre dans le creux de ta main dominante. Puis, en ouvrant la main à hauteur de ta bouche, tu devras souffler cette poudre en direction de ton ennemi. Mais n'oublie pas ! La frontière entre le bien et le mal est mince ! Cette poudre n'est efficace que pour bloquer les agissements magiques négatifs. Elle n'empêchera pas la magie bénéfique, de même qu'elle n'empêchera pas le vil sorcier d'en venir aux mains.

La grande mauve

Tu as certainement déjà croisé la grande mauve en cheminant dans les villages, jusqu'à 1 300 mètres d'altitude. Cette plante allant jusqu'à 1 mètre de hauteur, parfois rampante, parfois dressée, pousse le long des chemins et des bois, ainsi que dans les terrains où le fumier est répandu.

La fausse guimauve est un ingrédient majeur des sortilèges amoureux. Ses fleurs, à cinq pétales mauves veinés, devront être récoltées de mai à août, le vendredi en lune croissante, à l'aube. Séchées et brûlées dans la chambre, ces fleurs apporteront l'harmonie du couple.

Voici un sort destiné au retour d'un mari ou d'une épouse ensorcelé et infidèle. Il te faudra être certain qu'un maléfice est responsable du comportement volage, car il sera inefficace sur une personne agissant de son plein gré, et n'assurera pas le retour de son affection dans le respect du libre arbitre.

Pour désenvoûter les sentiments de la victime, tu feras bouillir un demi-litre de lait à feu doux, à la tombée de la nuit, en lune noire. Tu verseras ce lait dans un pot transparent et le laisseras tiédir. Puis tu ajouteras sept poignées de ces fleurs de fromageon dans le pot, accompagnées de trois cheveux et de trois poils pubiens du conjoint délaissé. Tu placeras ensuite le pot aux rayons lunaires sur une photographie du couple désuni toute la nuit. À l'aube du lendemain, tu piqueras la photographie à l'aide d'une aiguille propre sur un cœur de poule blanche. Enfin tu enterreras au pied d'un pommier le cœur porteur de la force vitale du couple, puis tu arroseras l'endroit du lait destiné à barrer l'action de l'ensorceleur. Bien sûr, tu pourras remplacer le cœur de poule blanche par un sachet rouge sur lequel tu auras peint un cœur blanc, et à l'intérieur duquel tu pourras placer tout symbole de l'amour passé du couple (lettre d'amour, cadeau, etc.).

Tu récolteras des fleurs et racines de mauvelette en lune pleine, peu avant la tombée du jour, avant que les fleurs se ferment pour la nuit, afin de favoriser les visions durant une séance de divination. Séchées et employées dans la création d'un encens divinatoire, les fleurs favorisent les flashs de voyance. Une bonne poignée de fleurs et une racine de cette mauve verte jetées dans l'eau bouillante destinée à l'inhalation apporteront la sérénité et les prémonitions nécessaires à la divination.

Regarde plus loin cette élégante des fossés ! Allons à sa rencontre…

Sortilège du mariage heureux

Il n'y a aucune meilleure raison que l'amour pour souhaiter qu'un mariage demeure heureux toute une vie. Voici un sortilège qui portera joie et bonheur aux mariés de tout âge. Tu réaliseras ce sort un vendredi à l'aube et en lune croissante ou pleine.

Matériel

- 1 photo de mariage du couple encadrée
- 2 fleurs fraîches de grande mauve
- 1 mèche de cheveux de chacun des amoureux
- De l'encre de chêne (voir p. 47)

Tout d'abord, commence par enlever l'arrière cartonné du cadre de manière à pouvoir travailler directement sur le dos de la photo du couple marié. Reproduis à l'aide de l'encre de chêne le troisième pentacle de Vénus suivant :

Active ce pentacle selon les rites de tes croyances. Cette étape est importante, car si un pentacle n'est pas activé, il ne restera qu'un simple dessin et la suite du sortilège sera inefficace.

Puis dépose les fleurs de grande mauve bien à plat au centre du pentacle de manière que les deux fleurs se croisent au niveau des pétales.

Ensuite, prends les mèches de cheveux, entremêle-les, et dépose-les sur les fleurs en prononçant :

« Par ce sortilège, l'amour de [prénoms des mariés] va toujours croissant !
L'union perdure par un bonheur pur !
Que l'avenir se rassure :
L'adversité est vaincue par l'amour conquérant ! »

Remets le dos du cadre. Celui-ci doit être placé dans la pièce à vivre du foyer, et la photo ne doit jamais être enlevée de son encadrement.

TALISMAN
DE L'AMOUR SINCÈRE

Ce talisman sorcier est conçu pour favoriser la bonne rencontre amoureuse : celle de la personne avec qui l'amour sera sûr et l'avenir amoureux radieux. Tu dois créer ce talisman un vendredi à l'aube et en lune croissante.

Matériel

- 1 petit carré de tissu rose
- 2 fleurs de grande mauve séchées (amour vrai)
- 1 morceau de racine de mandragore séchée (attraction, amour)
- 1 mèche de cheveux de la personne cherchant l'amour
- 1 ficelle rose ou blanche
- 1 bougie rose

Installé face à l'ouest, dépose les ingrédients au centre du tissu rose, un à un, en faisant appel à leurs pouvoirs respectifs. Lorsque tu ajoutes la mèche de cheveux, visualise la personne à qui celle-ci appartient (ou visualise-toi si le sort t'est destiné) entourée d'une aura énergétique rose vibrante d'amour. Visualise ensuite une silhouette venant de l'ouest s'approcher de cette personne et la prendre dans ses bras tandis que l'aura rose enveloppe ces deux protagonistes.

Rassemble les coins du tissu rose et lie-les en effectuant deux tours avec la ficelle. Puis réalise deux nœuds en prononçant les paroles suivantes :

« Car l'amour n'a pas de limite,
Les âmes sœurs sont réunies !
Par les pouvoirs de ce rite
[Nom de la personne visée] attire l'amour de sa vie ! »

Puis allume la bougie, et tout en la penchant et en visualisant le couple réuni, recouvre le petit paquet obtenu de cire. Pas un millimètre du tissu ne doit être visible. Peu importe la quantité de cire, cette protection qui scelle le sort doit être solide après le séchage.

SAVOIR MAGIQUE

Ce talisman doit être constamment porté par la personne à qui il est destiné : dans une poche, un sac... ou placé sous un oreiller la nuit. Lorsque le couple sera réuni, le talisman doit être libéré dans un cours d'eau courante (source, rivière, fleuve, mer...), mais jamais dans un point d'eau stagnante (étang, lac...).

LA VALÉRIANE

La majestueuse valériane se tient droite sur sa tige dans les fossés, les prairies humides ainsi qu'à la lisière des bois jusqu'à 2000 mètres d'altitude. Ses nombreuses fleurs blanches ou roses en corolles s'épanouissent de mai à août.

Tu pourras faire un bouquet de cinq rameaux de cette « herbe à la femme battue », cueillis le matin en lune croissante, pour apporter le calme dans ton foyer et faire fuir le mal. Prends garde aux chats, si tu en possèdes ! Ils sont fortement attirés par cette herbe-aux-chats dont ils raffolent. Elle n'est pas nocive pour eux, mais ton bouquet ne résistera pas longtemps aux assauts des félins gourmets !

Tu récolteras les racines des herbes aux coupures au printemps et à l'automne, le dimanche au coucher du soleil en lune croissante, ou à la pleine lune. Inodores lorsqu'elles sont fraîches, elles prennent en séchant une odeur nauséabonde dont tu auras du mal à te débarrasser : un homme averti en vaut deux !

Tu utiliseras des racines fraîches de l'herbe de Saint-Georges pour créer la teinture de valériane, le jour même de la récolte. Les teintures de plantes sont des extraits alcoolisés de plantes d'une teneur en alcool de 40 à 70°, qui peuvent se conserver pendant des années.

Pour faire cette teinture, tu utiliseras un pot qui se fermera hermétiquement, que tu rempliras de racines fraîches de la guérit-tout. Tu rempliras le pot d'alcool, puis tu le réserveras à l'abri de la lumière durant douze jours. Tu filtreras enfin la solution que tu pourras conserver en bouteille. Cette teinture obtenue servira à la composition d'une eau de protection du sorcier (voir page suivante).

Tu réduiras ces racines de valériane des collines en poudre pour les ajouter à tes encens de protection. Garde toujours un peu de cette poudre dans un sachet blanc dans ta poche. Tu la souffleras en direction du mauvais sorcier, lorsque vous vous croiserez : il ne pourra pas te jeter le mauvais œil ni t'attaquer par son souffle.

Tu placeras dans un sachet bleu clair des morceaux de racine de l'herbe de la meurtrie accompagnée d'une pointe de quartz transparent. Tu traceras de ton index droit trois croix sur ce sachet. Son porteur sera soulagé du stress durant un examen ou toute situation angoissante.

La fin du printemps approche.
Allons vite trouver un nourricier des oiseaux !

Eau
DE PROTECTION

Le sorcier sait combien la protection de l'esprit et de l'âme est importante. En effet, au cours de ses différents travaux, il doit se protéger de toutes les énergies et entités négatives qui pourraient ternir ses actions ou encore s'en prendre à lui, ainsi que des représailles d'un ennemi qu'il aurait débouté. Tout en respectant tes convictions religieuses, l'eau de protection ajoute à tes actions toute la puissance innée des plantes. L'énergie de certaines d'entre elles crée un véritable bouclier contre des attaques ou des influences potentielles.

Matériel

- 1 bouteille en verre
- 1 poignée de fleurs et feuilles mélangées fraîches ou sèches d'aigremoine (bannissement, protection)
- 1 poignée de feuilles de gui (protection, purification, bénédiction)
- 1 litre d'eau de source
- 10 ml de teinture de valériane (protection-purification) (voir page précédente)
- 5 ml d'alcool à 90°

Procède un dimanche ou un lundi en lune croissante, à l'aube, au moment où le soleil levant pourra inonder tes travaux.

Dans une bouteille en verre, place les fleurs et les feuilles d'aigremoine tout en demandant à la plante d'activer ses pouvoirs. Puis effectue la même opération avec les feuilles de gui.

Bénis le mélange obtenu et l'eau de source réservée à part selon les rites de tes croyances.

Puis, dans la bouteille, ajoute doucement l'eau bénite tout en visualisant la solution devenir lumineuse, vibrant d'une énergie pure.

Ajoute ensuite la teinture de valériane et enfin l'alcool à 90° qui te permettra de conserver durant trois mois ton eau de protection au réfrigérateur.

Cette eau sera utilisée par vaporisation ou aspersion avant un rituel ou tout travail magique et spirituel.

Le sorbier des oiseleurs

Sur ce chemin de campagne, tout comme en montagne ou dans les bois, se dresse le sorbier des oiseleurs. Cet arbre de 2 à 8 mètres de hauteur en moyenne, parfois pour les plus vieux jusqu'à 20 mètres, est un compagnon du sorcier. Lorsque tu déambuleras la nuit à des fins magiques dans la nature, il ne faudra jamais te séparer d'un bâton de marche que tu auras taillé dans une de ses branches : il te protégera du petit peuple et des mauvaises âmes.

Tu utiliseras des baguettes de sorbier des grives en sourcellerie lorsqu'il te faudra chercher des métaux dans le sol. Pour invoquer de bons esprits, tu brûleras le bois coupé de cet arbre un dimanche, durant tes séances de spiritisme et tes travaux magiques. Ce même jour, tu prélèveras deux petites branches, qu'il te faudra lier d'un fil de laine rouge pour former une croix. Tu scelleras le sort de trois nœuds, puis accrocheras cette croix au-dessus de la porte d'entrée de ton foyer. Elle retournera les maléfices vers l'arbre, qui les renverra à la terre.

Tu placeras une branche du sorbier sauvage dans un cercueil, afin de faciliter le passage d'un mort dans l'autre monde. Tu répandras les cendres de ce bois en cercle à l'extérieur de ton foyer pour protéger tous ses habitants des mauvais esprits et des hantises. Après une visite dans un cimetière, en partant, trace du bout de ton bâton de sorcier une ligne barrant la sortie de ce lieu sacré afin qu'aucun esprit ne te suive chez toi.

Le 1er mai est le jour sacré pour faire ta réserve d'écorces de l'arbre à grives. En porter un morceau sur toi te protégera du mauvais œil. Tu les utiliseras aussi pour y inscrire tes sceaux de protection ou de guérison, que tu remettras à tes consultants. Broyées, elles serviront à la création de tes encens de divination et d'invocation.

Les fleurs blanches du cormier des chasseurs, dont l'odeur est identique à l'aubépine, s'épanouissent de mai à juillet. Elles produiront de petites baies orangées de septembre jusqu'à l'hiver. Il te faudra récolter ces fleurs puis ces fruits à la pleine lune.

Lorsque tes travaux imposeront un jeûne, dans le cadre d'un exorcisme, d'un rituel de guérison, de médiumnité ou de voyance, des tisanes de fleurs et de baies du sorbier des oiseleurs te purifieront et augmenteront ton champ vibratoire.

Tu emploieras les fleurs et baies dans la création d'encens de purification et de protection. Tu pourras aussi en placer dans un sachet de tissu blanc refermé par un fil de laine rouge. Déposé dans un berceau, il protégera l'enfant du petit peuple et des mauvais esprits.

Le printemps prend déjà fin. Le cycle suit son cours.
Une nouvelle saison s'éveille, nous promettant mille secrets…

Bâton
de sorcier

Le bâton de sorcier est un outil puissant qu'il ne faut pas négliger. Il s'agit d'un objet de pouvoir qui peut influencer les éléments, abriter les esprits alliés du sorcier pour l'aider dans ses travaux, combattre des attaques ou des entités négatives à la façon d'une arme, être un outil de soin des personnes ou du bétail, mais aussi de divination (par lecture des traces effectuées sur le sol par le bâton), diriger un sort ou une action magique, etc. Pour commencer la création de ton bâton de sorcier, tu dois aller chercher une branche de sorbier des oiseleurs un samedi au crépuscule, en lune pleine ou décroissante.

Matériel

- 1 scie à main
- 1 branche de sorbier des oiseleurs de 4 ou 5 cm de diamètre et de 1,40 à 1,70 m de longueur, selon ta taille
- 1 goudron de pin de Norvège vendu en jardinerie
- 1 paire de gants
- 1 spatule
- 1 bouteille d'eau de source ou de pluie
- 1 couteau à manche blanc
- 1 huile d'onction sortilège (voir p. 145)
- 1 papier de verre à grain fin

Il te faut choisir un sorbier des oiseleurs ancien, pour lequel le prélèvement d'une branche ne risquera pas de mettre sa vie en péril. Pose ta main ou ton front sur le tronc de ce vénérable. Exprime clairement et à voix haute que tu souhaites son autorisation pour prélever une de ses branches. Explique également quelles utilisations tu souhaites lui octroyer. Puis reste silencieux, immobile et attentif au premier signe de réponse.

Celle-ci doit survenir dans un temps n'excédant pas 10 minutes. En effet, les jeunes arbres sont plus réactifs tandis qu'un arbre âgé prend parfois plus de temps pour interagir. La réponse peut se manifester au moyen de la clairvoyance pour des sorciers possédant ce talent, comme sous la forme d'un bruissement de feuilles sans vent manifeste ou encore un grincement de bois.

Tu comprendras la réponse de l'arbre lorsqu'elle surviendra, ne t'en inquiète pas ! Toutefois, en l'absence totale de signe dans un délai de 10 minutes, il te faudra considérer que le sorbier refuse ta requête. Respecte-le et pars en quête d'un autre arbre pour effectuer à nouveau ta demande.

Lorsque ta demande est acceptée, utilise la scie à main pour effectuer une coupe nette et verticale à la base de la branche que tu as choisie. Pose-la ensuite près de l'arbre et enfile tes gants. Le sorbier des oiseleurs t'a offert une partie de lui, tu dois donc le soigner pour ne pas le laisser en souffrance.

Remue le goudron de pin de Norvège pour faciliter son emploi, puis à l'aide de la spatule, applique une belle couche de ce goudron sur la plaie où tu as sectionné la branche. N'hésite pas à déborder sur le tronc pour empêcher le contact de l'air et ainsi prévenir les maladies qui pourraient affecter l'arbre.

Place ensuite ta main ou ton front sur le tronc puis remercie à voix haute le sorbier de son sacrifice et promets-lui d'honorer son don. Ensuite, prends la bouteille d'eau et vide-la lentement en offrande en traçant un cercle large humide autour du tronc. Médite un temps au pied de l'arbre, puis ramasse tes affaires afin de retourner chez toi.

La création d'un bâton en tant qu'outil est longue et peut être effectuée sur plusieurs jours sans que cela impacte son pouvoir. Tu dois commencer par enlever les petites branches et l'écorce de ton bois à l'aide du couteau à manche blanc. Si tu souhaites donner un nom magique à ton bâton, pense à murmurer ce nom tout au long de sa préparation.

Ensuite, tu dois laisser sécher ton bâton dont le bois est encore vert. Pour cela, place-le debout contre un mur en direction du nord. Cette étape peut prendre jusqu'à un mois. Toutefois, un séchage trop rapide rendra ton bâton cassant et fragile lors de son emploi. Pour prévenir ce phénomène, tu peux régulièrement le frotter d'huile d'onction sortilège à l'aide d'un chiffon propre. Elle nourrira le bois.

Lorsque le bois sera sec, ponce chaque extrémité de ton bâton à l'aide du papier de verre. Tu pourras alors décorer ton bâton selon tes envies. Certains teintent ou vernissent simplement leur bâton de sorcier pour en faire un objet puissant, mais discret, tandis que d'autres mettent toute une vie à le décorer et le graver en fonction des pouvoirs qu'ils octroient à leur outil sorcier.

Pour attribuer des pouvoirs à ton bâton de sorcier, il te suffira d'effectuer les rites propres à tes croyances et tes besoins ! N'oublie pas qu'un arbre a sacrifié une partie de lui pour te l'offrir : n'attribue pas un pouvoir à ton bâton que tu n'utiliseras pas ! Inutile de l'investir d'un pouvoir de guérison si cela ne fait pas partie de ta pratique, par exemple.

ÉTÉ

La Jeune s'épanouit, répandant des ondes de chaleur estivale sous le chant des grillons cachés dans les hautes herbes. Cet insecte musicien fait la pluie et le beau temps, selon le rythme et la puissance de sa mélodie. Mais gare à son silence qui annonce la venue de l'Ankou…
Nous reprenons la marche sur notre sentier ensoleillé, mais sois aux aguets ! Des libellules virevoltent à la recherche d'un point d'eau… Si tu parviens à en attraper une sans la blesser, tu seras en couple avant la fin de l'année !
À l'orée d'un bois, un jeune cerf protège les déplacements de sa horde, en quête de fraîcheur. La biche allaite son unique faon sous notre regard attendri. Les bois du cerf ont repoussé. À la fin du mois de juillet, le velours qui les recouvre tombera de lui-même. Si tu as la chance d'en découvrir, garde-le précieusement ! Car réduit en poudre et ajouté à un onguent, il est un aphrodisiaque.
Le chant des grenouilles s'élève d'un étang, un peu plus haut sur notre gauche. Les têtards se métamorphosent à leur rythme. Il était de coutume d'enterrer au centre d'un champ le corps d'une grenouille adulte, placé dans un bocal avec un morceau de parchemin sur lequel était écrit le mot « Achizech » (dont la signification est un secret bien gardé), afin de protéger les semences des oiseaux gourmands.
Des senteurs fleuries montent de toute part, attirant une multitude d'insectes. Au cœur du bourdonnement ronflant des abeilles, bourdons, guêpes et autres volants, un papillon danse jusqu'aux fleurs blanches et roses ornant ce mûrier des haies. Approche-toi ! Il est temps de te confier quelques secrets des plantes s'épanouissant sous ce soleil écrasant…

Recette de l'encens de l'été

L'été est la saison qui symbolise la croissance, la force, la vitalité, le développement et le courage. Cet encens favorisera toutes ces intentions magiques lors de la création de tes sortilèges. Préparé spécifiquement à l'été, tu pourras l'employer toute l'année pour un renforcement de la santé, le développement favorable d'un projet ou pour augmenter la puissance d'un sort. Les possibilités de cet encens sont nombreuses : je sais que tu en feras bon usage !

- 1 mortier et 1 pilon
- 1 pincée de feuilles et fleurs de sureau séchées (vitalité, énergie)
- 1 pincée de fleurs d'orobanche (courage, force)
- 1 pincée de fleurs de géranium séchées (croissance, développement)
- 1 pincée de feuilles de thym séchées (croissance, confiance)
- 1 pincée de feuilles de romarin séchées (vitalité, volonté)
- 3 poils de sanglier (force, courage)
- 1 pincée d'encens de cèdre (force, vitalité, courage)
- Du miel liquide

Réduis les ingrédients au mortier, puis ajoute au compte-gouttes une infime quantité de miel liquide afin de lier les ingrédients et obtenir ainsi une préparation homogène. Façonne l'encens de manière à lui donner la forme d'une boule, et laisse-le sécher quelques jours à l'air libre. Tu pourras le brûler sur un charbon ardent. Conserve-le dans une boîte à l'abri de l'humidité et de la lumière. Je te conseille de l'utiliser dans l'année suivant sa préparation pour bénéficier de toutes ses saveurs olfactives.

LA RONCE

Formant une haie infranchissable au bord de ce sentier, mais également dans les sous-bois jusqu'à 2 300 mètres d'altitude, la ronce est un abri naturel pour de nombreux petits animaux, insectes et plantes durant toutes les saisons. Elle est également un réceptacle des sorts du sorcier malin de campagne, qui dépose en son sein ses créations magiques afin d'en empêcher la découverte et les protéger d'un sort de contrage.

Cet arbuste aux épines agressives mesure de 20 centimètres à 2 mètres de hauteur. Il existe plus de 1 000 variétés et hybrides de mûriers du renard. Ses longues tiges ornées de feuilles dentées et aux nervures épineuses forment des arcs retombants. Il est de coutume de passer trois fois sous un arc haut de ronces pour favoriser la guérison de toute maladie.

Pour faciliter la guérison des maladies de peau, tu peux cueillir une pousse de mûrier sauvage un dimanche ou un lundi en lune croissante ou pleine. Trempe-la dans de l'eau bénite, puis dépose-la près du lit du malade. Lorsqu'elle séchera, le feu de peau disparaîtra.

Au printemps, veille à récolter près d'un cimetière un dimanche en lune croissante sept bourgeons de cette ronce des haies. Placés en croix devant l'entrée de ton foyer, ces bourgeons apporteront la protection de tous ses habitants. En été, prélève la première branche possédant des racines à chacune de ses extrémités que tu rencontres ! Accroche-la au-dessus de ta porte pour te prémunir des voleurs de toute sorte !

En été, nous récoltons de longues tiges pour en faire des couronnes d'aronce que nous accrocherons dans les foyers et les étables. Il s'agit d'un travail de patience, car tu dois veiller à enlever toutes les épines. Cette couronne apporte la protection. Elle est plus efficace lorsqu'elle a été fabriquée un dimanche, et lorsque les branches ont été prélevées près d'un lieu de culte. Lorsque cette couronne de ronce frutescente comporte des fleurs, blanches ou roses selon l'espèce, elle apporte également la guérison. Lorsqu'elle contient des fruits, globuleux noirs et bleuâtres, elle offre également l'abondance et la sécurité financière.

Les feuilles du mûrier des bois récoltées en été le jeudi à midi apporteront à tes sorts, encens et préparations sorcières l'attraction de l'argent. Prélevées au matin un dimanche, elles ont des vertus générales de protection, tandis que celles récoltées un samedi au matin protègent du mauvais œil et de la mauvaise sorcellerie. Il te faut donc penser à les conserver dans des pots séparés.

Les fruits récoltés l'été et l'automne, le jeudi à midi, font de bonnes offrandes lorsque tu pratiques un rituel pour favoriser l'argent et la prospérité. En macérat huileux, par macération de fruits et feuilles durant six mois dans une huile végétale à l'abri de la lumière, seule ou associée à d'autres plantes magiques de chance et d'abondance, la catimuron apporte aux bougies, pierres et autres outils du sorcier une énergie puissante d'abondance. Pour cela, il te suffit d'oindre ton matériel de cette huile sorcière.

Continuons notre promenade ! Les branches de ce hautbois nous protégeront un temps de ce soleil cognant...

Huile d'abondance

Voici un macérat huileux qui te servira pour attirer l'argent. L'huile obtenue peut servir à oindre des bougies lors de rituels d'abondance ou de sortilèges de prospérité. Tu peux également l'utiliser pour oindre un stylo servant à la signature de chèques, de contrats ou à remplir une grille de jeux de hasard, ou encore pour oindre tout porte-bonheur, talisman ou gri-gri. Effectue cette préparation en lune croissante ou pleine, un jeudi, lorsque le soleil est à son zénith.

Matériel

- 1 pot en verre avec un bouchon hermétique
- 8 mûres de ronce fraîches et bien noires (abondance, argent)
- 6 glands de chêne (argent, richesse)
- 1 poignée de trèfles frais (chance, argent)
- 1 poignée de capselle bourse-à-pasteur fraîche (argent, prospérité)
- 1 aimant assez lourd pour maintenir les plantes au fond du pot (attraction)
- 1 bouteille d'huile végétale

Place tes ingrédients dans le pot en verre, un par un, en appelant leurs pouvoirs respectifs. Lorsque toutes les plantes sont ajoutées, dépose au-dessus de celles-ci l'aimant qui devra les maintenir au fond du pot.

Au-dessus du pot, trace du doigt trois croix et prononce :

« Maintenant et à toute heure
Que cette huile fasse mon bonheur !
Mon portefeuille a le ventre rond
Et l'argent vient à foison ! »

Ajoute l'huile jusqu'à ras bord du pot en verre. Les plantes ne doivent pas entrer en contact avec l'air que le pot pourrait contenir : cela entraînerait des moisissures qui gâcheraient toute l'huile et tout serait à recommencer.

Répète la formule magique puis ferme le couvercle du pot. Trace trois croix ou tout autre symbole selon tes croyances sur le couvercle, du bout du doigt.

Range ton pot dans un endroit à l'abri de la lumière (placard, cellier, etc.). Laisse macérer les plantes durant trois cycles lunaires, puis filtre ton huile d'abondance qui sera alors prête à l'emploi.

Le Sureau

Le mystérieux sureau s'épanouit naturellement dans les bois, près des murs et dans les haies. Il est de coutume de le laisser s'épanouir dans le jardin sans jamais le tailler, afin qu'il apporte sa protection bienfaitrice à nos demeures et nos familles. On dit que ces derniers sont protégés par Mère Sureau, une déesse maternelle associée à cet arbre.

Haut de 2 à 5 mètres, cet arbre à l'écorce gris-brun et à la moelle blanchâtre a de tout temps accompagné le sorcier dans ses travaux. Lorsque tu as détecté un envoûtement lancé sur une personne, il te suffit de battre les vêtements de celle-ci avec vigueur à l'aide d'un bâton de sureau pour l'en libérer.

Tu dois récolter le bois, les feuilles, les fleurs en grandes fausses ombelles et les fruits de ce hautbois un samedi soir en lune pleine ou décroissante lorsque tu comptes les employer pour convoquer ou travailler avec les esprits de nos défunts. C'est également à ce moment-là que tu dois prélever une belle branche de cet arbre pour fabriquer une flûte à esprits, qui facilitera tes séances de spiritisme.

Pour protéger les élevages, répands au sol des étables des branches de sambuc coupées un dimanche en lune croissante en guise de litière. Tu peux également pendre au plafond des étables des branches fleuries pour éloigner les sorciers voleurs de lait qui tarissent les pis nourriciers des bêtes par leur sombre magie.

Sous le toit d'une maison, ou dans le grenier, dépose deux bois de susier croisés afin d'attirer la chance et la protection vers les habitants de ce foyer. Des bouquets de ces branches en fleurs répartis aux quatre coins du foyer éloignent également les entités et énergies négatives.

Quel que soit le domaine dans lequel tu souhaites lancer un sort, tu peux cacher celui-ci dans un tube créé avec une branche de saou, ou encore l'utiliser dans la fabrication d'un talisman. Pour cela, choisis une branche dont le diamètre permet de contenir tes ingrédients. Creuse sa moelle à l'aide d'un fil de fer solide. Avant d'y insérer tes ingrédients, bouche un côté de ce tube avec une rondelle de liège ou de la cire. Pense à refermer ton tube de la même manière.

Récolté un dimanche ou un lundi à l'aube en lune croissante ou pleine, le seuillon possède des vertus de protection puissantes. Ainsi les fleurs et les feuilles pourront intégrer tes sortilèges, sachets sorciers et encens. Le jus de ses baies noires pilées te servira d'encre pour tes sortilèges et créations de pentacles protecteurs.

Nous nous sommes assez reposés ! J'aperçois à deux pas l'herbe de Saint-Guillaume, protectrice de la voix des chanteurs…

Flûte du médium

La flûte du médium, lorsqu'elle est préparée dans le respect des règles, permet d'appeler à soi les esprits. Le son qu'elle émet n'a rien de particulier à nos oreilles humaines, mais ses vibrations se répercutent dans l'autre monde comme un appel impérieux. Elle doit être employée avec prudence et dans un but précis : pour une divination par les esprits, une séance de spiritisme, pour appeler tes ancêtres afin d'obtenir leur soutien, lors de la conception de certains sortilèges spécifiques ou encore pour rassembler des esprits lors d'un rituel de passage d'âmes dans un lieu infesté.

Matériel

- 1 bougie blanche
- 1 scie ou 1 Dremel
- 1 branche de sureau sèche de 1,5 cm à 2 cm de diamètre
- 1 branche de noisetier, de chêne ou de buis (bois qui ne se rétractent pas avec le temps) du diamètre de la moelle du sureau
- 1 fine tige de métal rigide non oxydée (fil de fer, baguette de cuivre...)
- 1 couteau
- 1 petit plat recouvert de sel

Tu dois confectionner ta flûte un lundi, en lune décroissante, à la tombée de la nuit, la bougie blanche allumée sur ton plan de travail. À l'aide de la scie, coupe la branche de sureau de manière à obtenir un bâton droit de 13 cm de longueur. Coupe deux rondelles de 1 cm de longueur dans la branche de l'autre bois que tu auras choisi.

À l'aide de la tige de métal, enlève avec patience la moelle au creux du bois de sureau en soufflant régulièrement sur celui-ci. Tu peux nommer ta flûte : certains sorciers donnent un nom à leurs outils magiques afin de leur octroyer plus de pouvoir et de les attacher à eux pour que personne d'autre ne puisse obtenir des résultats en les utilisant. Si tu as décidé de lui donner un nom, prononce-le d'une voix forte et ferme avant chaque souffle que tu enverras à ta flûte.

Lorsque ton bâton de sureau est entièrement creusé, prend une des petites rondelles de bois et taille-la jusqu'à pouvoir l'insérer dans une des extrémités du bâton : ce bouchon naturel doit complètement obstruer l'orifice et ne pas laisser la possibilité à l'air de passer.

À 2 cm de l'autre extrémité, effectue une entaille droite de la largeur de ton index, profonde de quelques millimètres. À 3 cm de cette extrémité (soit à 1 cm de cette encoche en direction du centre de la flûte), effectue une nouvelle encoche en biseau pour rejoindre la première encoche. Effectue ces opérations plusieurs fois jusqu'à obtenir un petit trou d'environ 5 mm capable de laisser passer l'air lorsque tu souffles dans l'extrémité.

Prends la deuxième rondelle et taille-la au diamètre du trou. Coupe de 1 à 2 mm de profondeur un bord dans la longueur de cette rondelle taillée puis viens le placer dans l'extrémité de ta flûte afin que l'entaille de ce bouchon soit placée face au biseau créé précédemment.

N'enfonce pas complètement ce dernier bouchon ! En effet, tu dois faire quelques essais en soufflant dans cette extrémité pour vérifier que ta flûte émet bien un son. Si aucun sifflement ne se produit, tu peux agrandir l'entaille de ton bouchon ou celle de ton biseau millimètre par millimètre.

Une fois qu'un sifflement se produit, place entièrement ton bouchon dans l'extrémité. À l'aide de la pointe de ton couteau, dans le sens de la longueur et à 2 cm du biseau, perce un premier petit trou en creusant doucement ta flûte et teste le son obtenu. Plus les trous seront larges, plus le son sera aigu. Puis perce deux autres trous à 1,5 cm d'intervalle.

Certains sorciers décorent ensuite leur flûte de symboles gravés dans l'écorce à l'aide de la pointe de leur couteau. Il peut s'agir de symboles ésotériques, de runes, d'oghams, de mots de pouvoirs… Tout dépend des croyances de chacun. Laisse parler ton instinct de sorcier pour choisir les éléments à graver sur ta flûte.

Lorsque ta flûte est achevée et que les sons obtenus te conviennent, place la flûte sur ton plat de sel en prononçant :

« De par le jour, de par la nuit
De par les mondes et à travers le voile,
Dame Sureau mes appels je te confie
Pour que les âmes se dévoilent ! »

Laisse ta flûte reposer cinq nuits sur son lit de sel en la confiant aux rayons lunaires. À l'aube du sixième jour, son pouvoir sera sans pareil.

L'AIGREMOINE

L'aigremoine est une plante qui aime les terrains argileux gorgés de soleil, jusqu'à 1 000 mètres d'altitude. Cette plante a longtemps été confondue avec la verveine officinale : n'écoute pas ceux qui te disent qu'elle possède des vertus dans les domaines de l'amour, la confusion a encore la vie dure !

L'herbe de Sainte-Madeleine est une vivace à tige dressée velue mesurant de 30 à 70 centimètres. Les sorciers utilisent ses feuilles dentées vertes à l'envers grisâtre de 5 à 9 folioles et ses fleurs à 5 pétales jaunes en épis dans leurs préparations magiques. Il faut te hâter de récolter les fleurs lorsqu'elles ont éclos, car elles se fanent en quelques jours sur la plante pour laisser place à des fruits coniques qui te seront inutiles !

Tu cueilleras des bouquets de l'eupatoire des Anciens le samedi durant toute la floraison, pour favoriser ses propriétés de protection. Un bouquet suspendu dans la pièce principale d'un foyer protège celui-ci des entités négatives. Utilise ses feuilles et fleurs dans tes encens de purification, car elles apporteront la protection contre les énergies et les entités négatives.

Tu peux également introduire les fleurs et les feuilles de ce thé des bois dans la création de tes eaux d'exorcisme ou de bannissement pour chasser le mal. Dans un cas urgent, fais bouillir trois belles poignées de feuilles dans de l'eau et verse cette infusion en cercle à l'extérieur du foyer pour protéger ses habitants. Elle agira jusqu'aux prochaines pluies.

Les feuilles de l'herbe de la mère permettent de jeter et défaire des sortilèges bien qu'elles ne soient pas les plus puissantes dans ce domaine. Si tu enflammes trois feuilles au cours d'un désenvoûtement, elle augmentera la puissance de ton travail. Si tu enflammes dix feuilles au cours d'un sortilège, elle favorisera sa réalisation.

Il te faudra récolter les feuilles et les fleurs de la toute-bonne un jeudi durant la floraison, pour utiliser ses vertus favorisant la justice, mais aussi les sortilèges visant le travail et la progression sociale. Lors d'une affaire avec la justice, place cinq feuilles de cette plante dans le dossier contenant tous les documents liés à l'affaire pour apporter un jugement favorable.

Place des fleurs sèches ou fraîches réduites au mortier dans tes sachets sorciers pour favoriser une avancée ou une harmonie professionnelle. Mais n'oublie pas d'utiliser des petits bouquets du thé du Nord en offrande lorsque ton souhait a été exaucé, autrement il te sera retiré !

Regarde ! Voici une petite plante parasite méconnue qui possède des propriétés intéressantes pour le sorcier. Allons voir de plus près...

Eau de bannissement

Cette recette est un atout lorsqu'il s'agit de bannir une entité négative. « Bannir » signifie condamner à partir, avec interdiction d'un quelconque retour. Tout en respectant tes convictions religieuses, l'eau de bannissement ajoute à tes actions toute la puissance innée des plantes. L'énergie de certaines d'entre elles crée un véritable barrage naturel au négatif.

Matériel

- 1 bouteille en verre
- 1 poignée de fleurs d'achillée millefeuille (bannissement, protection)
- 1 poignée de fleurs et feuilles mélangées d'aigremoine (bannissement, combat)
- 1 poignée de fleurs de genêt (bannissement, protection)
- 1 litre d'eau de source
- 5 ml d'alcool à 90°

Procède un samedi en lune décroissante, à la tombée de la nuit. Dans une bouteille en verre, place des fleurs d'achillée millefeuille tout en demandant à la plante d'activer ses pouvoirs de bannissement. Puis effectue la même opération avec les fleurs et feuilles d'aigremoine et les fleurs de genêt.

Bénis le mélange obtenu et l'eau de source réservée à part selon les rites de tes croyances. Puis, dans la bouteille, ajoute doucement l'eau bénite, tout en visualisant la solution devenir lumineuse, vibrant de l'énergie divine. Ajoute ensuite l'alcool à 90° qui te permettra de conserver durant trois mois ton eau de bannissement au réfrigérateur.

Cette eau sera utilisée après un rituel de bannissement, une fois que la purification des lieux ou des personnes a été effectuée. Elle est également conseillée après un exorcisme, afin de renforcer la durabilité de cet acte de libération d'un lieu ou d'une personne.

Pour cela, verse l'eau de bannissement dans un bol, puis asperge de gouttelettes les murs intérieurs et extérieurs, clôtures ou personnes avec tes doigts ou encore une branche de sauge fraîche ou d'achillée millefeuille. Procède ainsi en récitant les prières recommandées par tes croyances, tout en visualisant une lumière éclatante créer une barrière qui empêchera toute énergie ou entité sombre d'entrer.

TALISMAN
DES AFFAIRES

Voici un talisman simple qui favorisera tes transactions. Il est adapté aux mœurs de notre époque et à tout type d'affaire à conclure (actions en bourse, ventes de biens, transactions immobilières, etc.). Plus ce talisman sera utilisé, plus il aura de pouvoir pour son possesseur. Cependant, ce pouvoir s'éteint lorsqu'il est transmis. Tu dois le préparer un jeudi lorsque le soleil est à son zénith, en lune croissante ou en nouvelle lune.

Matériel

- 1 bougie en cire d'abeille
- 1 tige de bambou creux de 4 cm de longueur et de 1 cm de largeur
- 8 fleurs d'aigremoine séchées (affaires, croissance)
- 1 baie de gui séchée (affaires, prospérité)
- 1 petit aimant (attraction)

Allume la bougie en visualisant une énergie vert pomme émaner de sa flamme et se répandre sur tes ingrédients. Fais couler la cire sur une extrémité de la tige de bambou. Modèle cette cire avec tes doigts, rajoutes-en si besoin, de manière à créer un bouchon solide. Souffle sur l'ensemble, toujours en visualisant l'énergie verte envelopper ton matériel.

Un à un et dans cet ordre, insère dans le tube de bambou quatre fleurs d'aigremoine, la baie de gui, l'aimant, puis les quatre dernières fleurs d'aigremoine. Souffle dans le tube par quatre fois en visualisant l'énergie verte remplir le talisman.

Enfin, à l'aide de la bougie, fais couler la cire de manière à créer un nouveau bouchon de cire dans la deuxième extrémité du talisman. Pour utiliser celui-ci, il faudra respecter des codes précis :
- Lors d'une vente, tiens le talisman dans la main gauche et tourne-le quatre fois dans le sens des aiguilles d'une montre entre tes doigts. Son pouvoir s'activera pour que tu puisses gagner le plus d'argent possible.
- Lors d'un achat, tiens le talisman dans la main droite et tourne-le une fois, dans le sens inverse des aiguilles d'une montre, entre tes doigts. Son pouvoir s'activera pour que tu n'aies pas à dépenser plus que nécessaire.

SAVOIR MAGIQUE

Ce talisman était bien connu de nos anciens maquignons, qui faisaient des affaires en achetant et revendant chevaux et bétail. S'ils employaient leurs baguettes de bambou en frappant le flanc d'une bête pour tester sa docilité, une autre fonction se cachait derrière ce geste. En effet, leurs baguettes étaient préparées par un sorcier pour favoriser les affaires rentables, et frapper le flan de l'animal de quatre coups l'ensorcelait dans le but de faire baisser le prix d'achat. De même, lui mettre un coup sur le flan augmentait la vente.

L'OROBANCHE

L'orobanche est une plante parasite que tu peux croiser un peu partout en France jusqu'à 1 700 mètres d'altitude. Il en existe environ 150 espèces de 10 à 60 centimètres, toutes dépourvues de chlorophylle. C'est pour cette raison qu'elles doivent trouver une plante hôte pour germer et s'épanouir grâce aux racines de celle-ci. En effet, elles tirent l'eau et les nutriments nécessaires à leur cycle de vie des plantes qu'elles vampirisent.

Certaines de ces étrangleuses peuvent parasiter plusieurs plantes différentes, tandis que d'autres ne peuvent germer que sur une seule espèce précise de plantes. Ces orobanches attachées à des plantes bien particulières absorbent les vertus magiques de celles-ci. Ainsi, l'orobanche du trèfle aura des actions sorcières sur la chance en plus de ses propriétés naturelles ; celle de l'armoise aura des actions sur les capacités parapsychiques, par exemple.

Mais intéressons-nous à ses propriétés magiques naturelles. Nous utilisons de cette plante les tiges droites et écaillées, les feuilles en forme d'écailles et les fleurs en corolles et en épis, de différentes couleurs selon les espèces. Certaines sont classées en espèces protégées dans certains départements, comme l'orobanche pourprée ou l'orobanche d'armoise (*orobanche artemisii-campestris*). Renseigne-toi avant tes récoltes !

Récolte une orobanche de couleur rosée un vendredi après-midi. Allume une bougie rose et dépose l'orobanche sur la photo de l'être aimé. Enroule celle-ci puis un ruban rouge autour de l'orobanche, avant de sceller le sort avec trois nœuds. Laisse la bougie se consumer entièrement. Place le sortilège sous ton lit pour attirer à toi ses faveurs sexuelles.

Pour te prémunir contre les vampires psychiques, porte sur toi et près du cœur, dans un sachet cousu dans un tissu blanc, six fleurs d'une étrangleuse. L'énergie parasite du vampire psychique ne s'approchera pas de toi pour se nourrir de ton énergie vitale, car reconnaissant un autre parasite, elle te pensera déjà « consommé ».

Récolte tes orobanches le samedi en lune décroissante en fin d'après-midi, avant la tombée de la nuit, pour les employer à des fins de désenvoûtement et de bannissement. Lorsqu'elles sont sèches, passe sur tout le corps d'un envoûté trois belles plantes puis réduis-les en poudre. En extérieur, prends dans ta main de cette poudre et souffle dessus en direction de l'ouest. Le mal reviendra à son créateur.

Entrons dans cette clairière ! Nous reposerons nos pieds endoloris par notre marche auprès de la casse-lunettes…

Sortilège
de courage

La vie et ses mystères nous poussent tous un jour à faire preuve de courage. Les raisons sont aussi diverses et variées qu'il y a d'humains sur Terre : cela peut être pour affronter une maladie qui effraie ou un danger, pour passer un examen qui stresse un étudiant, pour sauver une vie, pour militer pour une cause ou une autre... Le courage prend des formes bien différentes. Bien sûr, si certaines circonstances où il faudra faire preuve de courage sont prévisibles, ce n'est pas le cas de toutes. Comme les bonnes fées du temps jadis, le sorcier aime accorder au nouveau-né des dons qui lui seront utiles au cours de sa vie. Pour accorder du courage à un nouveau-né, tu pourras effectuer ce sort au cours du mois qui suit sa naissance.

Matériel

- 1 orobanche jaune fraîche ou séchée (courage, force)
- 9 poils de sanglier
- 1 fil rouge trempé dans l'eau bénite

Face à l'enfant, et en le fixant du regard, place les poils de sanglier assemblés le long de l'orobanche. Puis prends le fil rouge et enroule-le autour de l'ensemble, toujours en regardant l'enfant, en prononçant :

« Toujours la tête haute et le torse en avant
[Prénom de l'enfant] tu t'élanceras dans la vie !
De tous les dangers tu feras fi,
Car le courage te brûle en dedans ! »

Noue de treize nœuds le fil rouge qui lie le sort. Place ensuite celui-ci sous le lit ou le matelas du bébé. Ce sortilège ne doit pas être touché durant tout un cycle de 28 jours. Le 29e jour, reprends le sort et dépose-le à la surface d'un cours d'eau (rivière, fleuve, mer, etc.), jamais dans une eau stagnante. Tourne le dos, et pars de l'endroit sans te retourner.

L'enfant, comme tous, aura des peurs tout au long de sa vie. Mais il les affrontera avec courage !

L'EUPHRAISE

L'euphraise officinale s'épanouit dans les clairières, mais également dans les prairies et les pelouses jusqu'à 3 000 mètres d'altitude. Elle se récolte tous les lundis et mercredis, de l'aube jusqu'à midi. Tu pourras mélanger tes différentes récoltes dans un seul pot, sans distinction des jours de récolte : ses propriétés magiques ne s'en trouveront pas atteintes.

La casse-lunettes est une plante ramifiée aux feuilles vertes ovales et dentées. Elle tient certains noms populaires de ses propriétés médicinales qui soignent les maladies oculaires et améliorent la vue. Cependant, si elle prend soin des yeux sur le plan physique, elle agit également sur la vision parapsychique.

Elle se récolte lorsque ses fleurs blanches striées de violet au cœur jaune éclosent sur le haut de la tige. Tu peux faire des infusions de ces délices des yeux dans lesquelles tu tremperas deux cotons. Pose ces cotons humides sur tes paupières closes tous les soirs durant un cycle lunaire afin d'augmenter ton potentiel de clairvoyance.

L'herbe aux myopes voit tout mieux que tu ne pourrais le faire. Passe un brin fleuri de cette plante d'avant en arrière et par douze fois sur la tête d'une personne pour laquelle tu suspectes une possession, tout en récitant une prière propre à tes croyances. Pose ensuite le brin fleuri dans un bol de lait au fond duquel est placée une médaille de saint Michel. Si la plante devient noire en moins de quinze minutes, elle confirme qu'un démon est à l'œuvre.

Brûle trois brins fleuris de luminet lorsque tu as besoin d'y voir plus clair dans une situation complexe. La fumée t'apportera la compréhension de ce qui t'échappe. L'euphraise est

également puissante dans les encens de divination ou en petit bouquet sur une table de consultation de voyance.

La langeote possède également une capacité innée à apporter la joie et la bonne humeur. Place un bouquet près du lit d'une personne dépressive pour lui rendre son euphorie naturelle. Le foyer où vit un dépressif doit être régulièrement nettoyé par fumigation de cette plante afin d'apporter un peu de joie de vivre dans les lieux.

Confectionne un petit sachet bleu ciel dans lequel tu placeras une poignée de brise-lunettes ainsi qu'une pierre de malachite. Porté sur soi, ce petit sachet sorcier chassera la mélancolie comme la tristesse dans les phases difficiles de la vie.

Placer une couronne d'euphraise dans la pièce à vivre d'un foyer apporte joie et euphorie à ses habitants. En placer une sur ton autel t'assurera la venue d'esprits candides lors de tes rituels. Un petit bouquet de ces brins fleuris déposés sur une tombe apporte la béatitude et le plaisir au proche décédé.

Allons dans ce bois qui me semble bien vert pour la saison. Voilà une grande vivace vigoureuse qui a beaucoup à t'enseigner...

Encens du devin

Cet encens permet de développer le don de clairvoyance, mais également de protéger le voyant de fausses visions. En effet, personne n'est à l'abri d'une erreur : fatigue, trop d'informations reçues en même temps, environnement hostile, énergies parasites... Il existe de nombreux facteurs qui peuvent mettre en déroute un voyant. Tu devras fabriquer cet encens un lundi à la tombée de la nuit et en lune décroissante.

Matériel

- 1 mortier et 1 pilon
- 2 pincées d'euphraise séchée (clairvoyance, divination)
- 1 pincée de fleurs d'achillée millefeuille séchée (clairvoyance, protection)
- 1 pincée d'armoise séchée (clairvoyance, divination)
- 1 pincée de fougère séchée (clairvoyance, prophétie)
- 1 pincée de fleurs de grande mauve séchée (clairvoyance, divination)
- 1 pincée d'encens de patchouli (clairvoyance, protection)
- 1 plume de corbeau coupée en petits bouts (clairvoyance, prophétie)
- Du miel liquide

Réduis les ingrédients au mortier le plus finement possible, en visualisant une énergie blanche et lumineuse émaner de ceux-ci. Ajoute au compte-gouttes une petite quantité de miel liquide afin de lier les ingrédients et obtenir une préparation homogène. Façonne ton encens de manière à lui donner la forme de plusieurs petites boules, puis laisse-les sécher à l'air libre quelques jours. Cet encens pourra être utilisé au cours d'une séance de voyance ou de divination.

LA GRANDE FOUGÈRE

Dans les sous-bois, jusqu'à 2000 mètres d'altitude, pousse cette splendide grande fougère, la plus grande des fougères en France. Cette imposante plante est toxique, fraîche ou sèche, et bien qu'elle soit encore employée de nos jours à des fins médicinales, je t'engage à ne pas la consommer.

Ses feuilles triangulaires, appelées « frondes », sont divisées en pinnules obtuses dont la face intérieure est parfois tapissée de spores brunes, et mesurent parfois jusqu'à 1,6 mètre. Prends garde de ne pas marcher sur la fougère aigle durant tes randonnées ! Car à la huitième que tu auras piétinée, tu seras perdu dans ces bois.

Il te faut toujours tracer un cercle, à l'aide de ton bâton de marche ou de ta baguette, autour de la porte-aigle avant de la cueillir, afin de te prémunir des esprits malins et farceurs attirés par elle. Une bonne partie de tes récoltes doivent être effectuées le soir de la Saint-Jean.

À minuit, la nuit de la Saint-Jean, entre dans un bois sans porter le moindre vêtement. Dépose une grande serviette blanche étalée au sol devant la fougère impériale. Accroche à ses branches un chapelet (ou tout autre objet sacré selon tes croyances) puis prononce :

« Sous le regard sûr de Dame Lune, pur,
je viens à toi.
Sous le regard sage de Dame Lune, pure,
offre-toi à moi. »

Passe le bout de ton index sur ta langue pour l'humidifier, puis trace de ce doigt trois croix dans l'air face à la plante. Prélève la plante entière et dépose-la sur la serviette blanche sans qu'elle ne touche d'une feuille le sol et emporte-la enroulée de ce tissu protecteur. Toutes les parties de cette plante te serviront à tes préparations magiques destinées à apporter le don de prophétie et de voyance.

Cette nuit-là, continue tes récoltes de la grand-aigle. Je te rassure, tu peux être habillé pour la suite des opérations. Les cendres des fougères de cette nuit serviront à tracer le cercle de protection du sorcier, lui apportant un pouvoir renforcé. En fumigation, cette plante repoussera les mauvais esprits et énergies négatives.

Une racine de la fougère commune portée en collier sur le torse t'aidera à passer inaperçu de tes ennemis, qui seront occupés à d'autres affaires, et les sortilèges qu'ils pourraient te lancer ne te trouveront pas et seront détournés. Cette propriété lui valut, il y a quelques siècles, la réputation de rendre invisible son porteur.

Cueillie le jeudi à l'aube ou encore à l'aurore de la Saint-Jean, les feuilles gorgées de rosée fraîche, l'aigle impérial est une fougère utilisée pour porter chance, attirer l'argent, gagner aux jeux de hasard. Ajoute une pinnule comportant sept spores brunes à ton talisman de chance, et le succès viendra à toi !

Cueillie un samedi à la tombée de la nuit, la grande fougère est ajoutée aux sachets sorciers contre les cauchemars, placés sous l'oreiller du rêveur. Lorsqu'elle est sèche, réduis-la en une poudre que tu déposeras en ligne devant les portes et les fenêtres d'un foyer pour empêcher le mauvais œil et les sortilèges négatifs d'entrer.

Nos anciens paysans allumaient des feux de cette récolte de fougère aigle aux quatre coins de leurs champs cultivés pour attirer la pluie lorsque la terre avait soif. Disposée en bouquets au bord des champs et des pâtures, elle protège le lieu de la grêle.

Regarde dans ce coin. Allons à la rencontre d'une autre dame qui fut un temps utilisée par coquetterie pour dilater les pupilles… ce que je te déconseille !

Talisman
contre les cauchemars

Qu'ils soient le fruit de l'inconscient, d'un traitement médical, d'une attaque d'entité négative ou encore d'un envoûtement, les cauchemars gâchent la nuit des enfants comme des adultes. Cette recette est couramment utilisée en talisman, mais tu peux également l'utiliser en nouet bénéfique de bain quand les cauchemars proviennent d'une attaque magique ou d'entités négatives.

Matériel

- 1 carré de tissu bleu foncé
- 1 pinnule de grande fougère récoltée un samedi à la tombée de la nuit, comportant 9 spores (bannissement des cauchemars, protection)
- 1 pincée de camomille (bannissement des cauchemars, visions oniriques)
- 1 pincée de verveine (bannissement des cauchemars, apaisement de l'anxiété)
- 1 onyx (bannissement des cauchemars, abolition des peurs)
- 1 ficelle bleu foncé

Le soir suivant une nuit de cauchemar, installé face à l'ouest, dépose les ingrédients au centre du tissu bleu, un à un, en faisant appel à leurs pouvoirs respectifs.

Rassemble les coins du tissu bleu foncé et lie-les en effectuant trois tours avec la ficelle. Puis fais trois nœuds en prononçant les paroles suivantes :

« Qu'à chacun de mes rêves
Ce sortilège me protège !
Cauchemars fondent comme neige
Face à ce sachet, mon glaive ! »

Place cette protection sous ton oreiller. Ce talisman est à renouveler aux prochaines nuits de cauchemars car celles-ci signifieront que les ingrédients sont arrivés au bout de leurs propriétés magiques.

Bandeau du voyant

Certains voyants aiment se masquer les yeux avec un bandeau occultant toute luminosité, afin de ne pas perturber leurs visions par le sens de la vue. Utilise cette recette pour faciliter la captation des flashs de voyance d'une personne possédant cette capacité divinatoire.

Matériel

- 1 feuille entière de grande fougère récoltée à minuit le soir de la Saint-Jean (voyance, prophétie)
- 12 brins d'euphraise (voyance, prophétie)
- 12 feuilles de laurier odorant récoltées lors de la pleine lune d'août (voyance, divination)
- 12 glands de chêne (voyance, prophétie)
- 1 plume de chouette ou de corbeau
- 7 charbons de bois
- 21 aiguilles non rouillées
- 1 bandeau ou un foulard sombre occultant

Un lundi en lune décroissante, à la tombée de la nuit, place un à un les ingrédients suivants dans une grande casserole : la feuille de grande fougère, les brins d'euphraise, les feuilles de laurier odorant, les glands de chêne puis la plume que tu as choisie. Remplis cette casserole d'eau puis mets-la à bouillir à feu moyen.

Sur ton plan de travail, dispose en cercle les charbons de bois. Puis pique chacun d'eux de trois aiguilles afin d'empêcher toute énergie négative de s'inviter durant ton travail : cela protégera le voyant de visions trompeuses.

Avant que ton eau arrive à ébullition, sors la casserole du feu et dépose-la au centre de ton cercle de charbons. Laisse-la refroidir assez pour ne pas te brûler.

Lorsque ton infusion est tiède, prends dans tes mains le bandeau. Les bras tendus à l'horizontale, place-le au-dessus de la casserole. Tout en plongeant le bandeau par douze fois dans la décoction, prononce autant de fois l'incantation :

« Prophetias, quaeso te ! »
« Prophéties, s'il te plaît ! »

Laisse ce bandeau sécher toute la nuit aux rayons lunaires avant de l'offrir au voyant qui pourra l'utiliser tout au long de sa vie. Vide la casserole au pied d'un chêne ou d'un bosquet de fougères, puis rentre chez toi sans te retourner une seule fois.

LA BELLADONE

La mortelle belladone se dresse fièrement dans les clairières des forêts de feuillus, sur les collines ou encore sur les terrains montagneux jusqu'à 1 500 mètres d'altitude. Prends garde de ne pas manipuler cette vénéneuse sans gants, car toutes les parties de la plante sont toxiques, provoquant des symptômes tels que des hallucinations ou encore des vomissements, qui entraînent la mort par des crises d'angoisse violentes et la paralysie des voies respiratoires.

Cette morelle furieuse est une plante vivace à tige dressée visqueuse pouvant atteindre 2 mètres de hauteur. Ses feuilles ovales en pointes dégagent une odeur fétide. Bien que ses fleurs en cloche tantôt violettes, tantôt jaunes, s'épanouissent dès le mois de juin, ses fruits coexistent naturellement avec celles-ci d'août à octobre.

On trouve la baie de l'œil du diable, de la taille d'une cerise noire et luisante, au cœur d'un calice vert en forme d'étoile à cinq branches. Elle contient de nombreuses graines mesurant moins d'un millimètre. Si lorsqu'elle est préparée dans des règles précises importantes, la belle dame n'est pas dommageable, je te recommande fortement de ne pas t'avancer sur ce terrain sans une étude précise et rigoureuse de cette plante : la belladone n'offre pas de deuxième chance en cas d'erreur.

La récolte de la guigne de côte, comme celle de toutes plantes fatales, est ritualisée pour s'attirer ses bonnes faveurs et éviter son courroux. Le cueilleur doit approcher la plante à reculons, et quitter les lieux de la même manière. S'il était de coutume d'effectuer un sacrifice d'animaux aux poils ou plumes noirs avant la récolte par le passé, les sorciers déposent de nos jours une offrande de pain blanc ou d'hostie au pied du bouton noir.

Pour ses vertus de guérison, il est important de récolter toutes les parties de la cerise du diable le dimanche à l'aube en lune croissante ou pleine. Tu peux confectionner un sachet sorcier dans un tissu bleu ciel, en déposant neuf baies de cette morelle perverse à l'intérieur. Il te suffit de placer ensuite ce sachet sous le matelas du malade, en prononçant les prières de tes croyances pour favoriser la guérison.

Toujours pour favoriser la guérison, débute ce rituel un dimanche au soir. Place dans une enveloppe blanche la photo du malade avec sept feuilles fraîches ou sèches de l'herbe de la mort. Puis, face à une bougie blanche allumée, prie chaque soir durant sept jours pour la guérison du malade. Le huitième jour, veille à enterrer l'enveloppe au pied d'un chêne.

Les parties de la morelle furieuse destinées aux transes extatiques, aux voyages astraux, aux contacts de défunts et aux vertus divinatoires sont récoltées le samedi au crépuscule, en lune noire ou décroissante. Autrefois, elles étaient utilisées en fumigation pour ces vertus, un emploi qui n'en reste pas moins dangereux. Placer une partie près de soi durant ces travaux est amplement suffisant.

Mais il est temps de sortir du bois pour aller à la rencontre d'une autre guérisseuse moins dangereuse...

Bouteille sorcière
de pouvoir

Le pouvoir sorcier n'est aucunement lié à une domination quelconque. Il représente le pouvoir inné en chacun de nous, les énergies magnétiques et parapsychiques dont chaque être humain peut disposer. Cette bouteille sorcière s'attache à augmenter ce pouvoir sorcier, à amplifier la capacité du sorcier à employer ses propres énergies. C'est pourquoi une bouteille sorcière ne peut être fabriquée qu'à l'intention d'une personne unique, avec une charge biologique puissante afin que le pouvoir sorcier qui lui est propre augmente. Tu devras créer cette bouteille sorcière un samedi au crépuscule ou dans la nuit et en lune décroissante ou noire.

Matériel

- 1 bougie noire
- 1 bouteille en verre avec un bouchon hermétique
- 1 tige de cuivre (attraction, canalisation)
- 1 mèche de cheveux et 3 ongles de la personne à qui est destiné le sort
- 8 baies de belladone séchées ou fraîches (pouvoirs, sorcellerie, capacités parapsychiques)
- 1 plume de geai des chênes (interaction entre les mondes)
- 1 morceau de racine de mandragore séchée ou fraîche (pouvoir, sorcellerie, capacités parapsychiques)
- 4 brins d'armoise séchés ou frais (pouvoir, sorcellerie, capacités parapsychiques)
- 1 pincée d'encens de myrrhe en grains (augmentation des pouvoirs ésotériques)
- De l'eau de source
- 1 entonnoir

Pour mettre au point cette bouteille sorcière, tu dois te positionner face au nord. Place ensuite ta bougie le plus au nord de ton plan de travail, puis allume-la en prononçant cette incantation :

« Par la puissance de Saturne
En cette heure nocturne,
Que les pouvoirs de [Nom de la
personne visée] grandissent
Et servent les bons auspices ! »

Place dans cet ordre les ingrédients à l'intérieur de la bouteille : le cuivre, la mèche de cheveux, les ongles, les baies de belladone, la plume de geai des chênes, la mandragore, l'armoise et la myrrhe en prononçant à chaque ajout la formule suivante, tout en visualisant une énergie argentée entrer dans la bouteille :

« Le pouvoir de [Nom de la personne visée] va croissant !
Car ainsi les lois de l'Univers l'ont décidé !
Puisse toujours le sorcier bien formé
Offrir son aide à la Terre et ses enfants ! »

Puis, à l'aide d'un entonnoir, remplis la bouteille jusqu'au goulot de l'eau de source. Visualise en même temps l'énergie argentée contenue dans la bouteille se colorer et se mélanger au liquide et prononce à nouveau la formule précédente.

Referme bien la bouteille : celle-ci ne devra plus être ouverte ! La charge qu'elle contient va augmenter en puissance au fil des lunes et des ans.

Prends la bougie noire et penche-la pour verser la cire sur le bouchon et sceller ainsi le sort. Rends-toi ensuite en extérieur, puis tends cette bouteille à bout de bras en direction de la lune et prononce :

« Ô toi, astre rayonnant,
Scelle ma magie dans l'espace et le temps !
Par la puissance de Saturne
[Nom de la personne visée] fera de
son pouvoir bonne fortune ! »

Cette bouteille doit être placée dans le foyer de la personne pour qui le sortilège est construit, à l'abri des regards : soit dans la partie la plus au nord d'un grenier ou d'une cave, soit dans un mur ou un plafond (ce qui nécessite quelques travaux), ou encore dans un placard ou au-dessus d'un meuble toujours en direction du nord.

SAVOIR MAGIQUE

Afin de libérer le sortilège pour des raisons diverses (décès de la personne, décision d'annulation du sort, etc.), il suffira d'enterrer cette bouteille sorcière dans un espace naturel (pré, parc de ville, jardin, forêt...). L'Univers se chargera de libérer en douceur l'énergie contenue, sans porter atteinte à l'équilibre naturel.

Barrière de santé

« Prévenir vaut mieux que guérir » : voilà un adage approprié à ce sortilège conçu pour prémunir les habitants d'un foyer de graves maladies. Tu prépareras ce sortilège une nuit de pleine lune.

Matériel

- 3 feuilles de belladone fraîches ou sèches
- 1 bol rempli de lait de vache
- 1 grosse poignée de gros sel
- 3 œufs frais

Dépose les feuilles de belladone dans le bol de lait, puis ajoute une belle poignée de gros sel. Place ensuite les trois œufs dans le mélange obtenu. Souffle par sept fois sur l'ensemble et prononce :

« Sous le regard de Dame Lune
L'armure se construit !
La force et la santé ne feront qu'une
Lorsque les barrières seront déployées ! »

Laisse macérer l'ensemble toute la nuit au contact des rayons lunaires en extérieur ou sur le rebord d'une fenêtre. Le lendemain, juste avant l'aube, enterre aux deux bords les plus éloignés et à l'intérieur du terrain où se trouve le domicile, chacun des trois œufs de manière à former un triangle dont la pointe se trouve en direction du nord. Puis récite de nouveau l'incantation pour sceller ton sortilège.

Le plantain

Dans les jardins, en bordure de chemin, dans les plaines et les prairies, ou encore sur les terrains secs, nous rencontrons le plantain partout jusqu'à 2000 mètres d'altitude et toute l'année, sauf au plus froid de l'hiver. Il existe trois espèces principales de cette plante que nous employons communément en sorcellerie de campagne.

Le grand plantain possède des feuilles ovales et épaisses et des fleurs en corolles grisâtres et rougeâtres. Le plantain lancéolé, comme son nom l'indique, dispose de feuilles lancéolées et de fleurs en corolles blanches. Le plantain moyen développe de grandes feuilles ovales et des fleurs en corolles blanches. Dans tous les cas, les fleurs poussent d'avril à novembre.

Ces trois espèces de pied d'homme possèdent les mêmes propriétés magiques et médicinales. Tu peux donc les récolter sans t'inquiéter à ce propos. Les propriétés antivenimeuses de ce simple lui valent une importante réputation de protection contre les morsures de serpents, d'araignées, de scorpions et autres animaux venimeux.

Pour ces vertus médicinales et magiques, l'herbe à cinq coutures est récoltée traditionnellement à la tombée de la nuit, en lune décroissante, et uniquement de la main gauche. Ses vertus de guérison sont plus efficaces lorsque la cueillette s'effectue un dimanche ou un lundi, mais pour contrer un maléfice ou en protection, le samedi est le jour le plus adéquat.

Une racine d'œil-de-chien portée en amulette soigne les maux de tête. Trois de ces racines infusées dans de l'eau guérissent des fièvres, toux et symptômes grippaux. Tu peux également ajouter une racine dans tes sortilèges et sachets sorciers pour favoriser la guérison des maux liés à la tête ainsi qu'aux hémorragies et autres problèmes sanguins. Lors d'une randonnée, place des feuilles de la langue d'agneau sur les semelles de tes chaussures. Cela préviendra le développement des cloques et atténuera la fatigue.

Place un plantain des oiseaux entier et suspendu par la racine à l'intérieur d'un foyer ou d'un véhicule, pour le prémunir des vols et des cambriolages. Afin de protéger une personne des agressions, confectionne-lui un sachet sorcier dans lequel tu mettras sept feuilles de cette plante qui étaient tournées en direction du nord avant la cueillette.

Il est possible que tu découvres lors de tes promenades un sortilège cherchant à faire boiter une personne ou un animal (principalement des animaux de bétails). Ces bas sortilèges consistent visuellement en un long clou planté dans une empreinte de pas ou de patte dans la terre. Pour lever ce sort, prélève une feuille de plantain puis utilise-la pour enlever le clou sans que tes doigts entrent en contact avec le métal maudit. Jette ce clou au loin et enfonce la feuille de plantain dans le trou à l'intérieur de l'empreinte.

Mais avançons au bord de ce champ ! Un cierge de Notre-Dame nous y attend...

Poudre
anti-maléfice

Il existe mille et une raisons de vouloir se préserver d'attaques magiques : ennemis sorciers, peur des jalousies, méfiance... Voici la recette d'une poudre efficace contre les attaques magiques et autres maléfices. Prépare cette poudre un lundi à l'aube et en lune croissante.

Matériel

- 1 mortier et son pilon
- 1 poignée de feuilles de plantain séchées (protection contre la magie, barrage des maléfices)
- 1 poignée de feuilles de gui séchées (bouclier, combat de la magie noire)
- 1 poignée de feuilles d'ortie séchées (protection contre la magie, bouclier)
- 1 poignée de feuilles d'aubépine séchées (protection contre la magie, bouclier)
- 1 poignée de poudre de racines d'angélique sylvestre (protection et bannissement du mal, soutien des anges)
- 1 petit sachet

Réduis au mortier les feuilles de plantain, de gui, d'ortie et d'aubépine en faisant appel à leurs pouvoirs respectifs, jusqu'à obtenir une poudre homogène. Puis ajoute la poudre de racine d'angélique au mélange obtenu.

Puis, à l'aide de ta baguette ou de l'index de ta main dominante, mélange la poudre par cercles dans le sens horaire en prononçant cette incantation (en récitant le dernier vers, arrête tes gestes en traçant une croix dans la poudre obtenue) :

« La poudre portée par le vent
Est plus puissante que l'égide !
Par ce sort défendant,
Les maléfices fuient cette force rigide ! »

Place cette poudre dans un sachet facile d'ouverture que tu pourras conserver dans une poche ou un sac à main. Lorsque le besoin s'en fait sentir, il te suffit de prendre une petite poignée de cette poudre dans le creux de ta main dominante. Puis, en ouvrant la main à hauteur de ta bouche, souffle cette poudre en direction de l'extérieur à chaque ouverture de ton foyer (portes, fenêtres, cheminée...).

Nouet
de guérison

Voici la recette d'un nouet qui sera bénéfique à toute personne malade en favorisant sa guérison. Ce nouet n'est pas destiné à la préparation d'une tisane, il est à infuser dans un bain dans lequel le malade devra s'immerger durant au moins une demi-heure. Confectionne ce nouet un dimanche lorsque le soleil est à son zénith, en lune pleine ou croissante.

Matériel

- 1 bougie blanche
- 1 carré de tissu bleu ciel ou blanc
- 1 racine de plantain séchée ou fraîche (guérison, santé)
- 3 baies de gui séchées ou fraîches (guérison, longévité, vitalité)
- 1 feuille de houx séchée ou fraîche (guérison, vitalité)
- 7 fleurs de molène bouillon-blanc séchées ou fraîches (guérison, force)
- 1 quartz transparent (guérison, équilibre énergétique)
- 1 fil bleu ciel ou blanc

Installe-toi face au nord, puis allume la bougie en visualisant une énergie lumineuse s'échapper de la flamme et envelopper tes ingrédients. Place ensuite ceux-ci au centre de ton carré de tissu en faisant appel à leurs pouvoirs respectifs.

Rapproche les coins du carré de tissu vers le centre, de façon à former un petit baluchon, puis ferme-le à l'aide de la ficelle en effectuant trois tours, puis sept nœuds. Trace du bout du doigt trois croix ou trois pentacles au-dessus de ton nouet en prononçant la formule suivante :

« L'Univers et les dieux travaillent à l'unisson
Pour apporter à l'âme et au corps la guérison !
Le corps guérit de tous les tourments
Et l'âme s'illumine au firmament ! »

Ce nouet de guérison devra être renouvelé pour chaque bain. Après chaque bain, il est important de réserver le nouet utilisé et de l'enterrer au pied d'un pommier ou d'un chêne pour rendre à la terre les bienfaits qu'elle a accordés.

LA MOLÈNE BOUILLON-BLANC

La molène bouillon-blanc s'épanouit de juin à novembre en bordure des chemins peu fréquentés et des champs, des terrains en jachère et près des coupes de bois jusqu'à 1 800 mètres d'altitude. Son unique tige puissante se dresse fièrement jusqu'à 2 mètres de hauteur en direction des cieux. Ses grandes feuilles épaisses recouvertes de poils laineux sont serrées à la base puis se développent telles des ailes le long de la tige.

Ses fleurs jaune pâle à cinq pétales en coupes et en épis larges se récoltent de juin à septembre. Ces épis floraux étaient utilisés autrefois afin d'alimenter le feu des fours des boulangers et les cheminées des pauvres. La tige du cierge de Notre-Dame était quant à elle employée en tant que torche. Les feuilles servaient à la fabrication des mèches de lampes à huile.

Il te sera possible d'adapter ces anciennes utilisations de la fleur de grand chandelier à tes pratiques magiques pour fabriquer des torches de rituels d'été et d'automne par exemple, ou encore pour des rites de guérison, d'exorcisme ou de divination. Quelle que soit la raison pour laquelle tu récoltes le blanc de mai, il faut te rendre sur le lieu de cueillette en priant selon tes croyances et sans parler à qui que ce soit avant de l'arracher par la racine.

Récolte l'herbe à bonhomme un samedi en lune décroissante pour tes actions visant à contrer les entités négatives et les maléfices. Tu utiliseras cette réserve en fumigation de protection ou pour la création de talismans. Elle te sera également utile pour protéger les voyageurs de l'astral et combattre les démons en plaçant une racine sous l'oreiller du dormeur.

Récoltée un mercredi en lune croissante, la queue de loup est utile pour les travaux visant à augmenter le pouvoir médiumnique et la clairvoyance. Tu peux également créer des encens ou des tisanes pour les mêmes intentions. Prends garde toutefois à bien filtrer tes tisanes de bouillon-blanc avec un linge finement tissé afin d'éliminer toute présence de poils dans ta boisson.

L'herbe de Saint-Fiacre est également employée pour soigner les animaux et le bétail. Mets à tremper durant quelques minutes des feuilles fraîches ou sèches de cette plante dans du lait chaud. Puis filtre les feuilles et place-les en cataplasme sur les mamelles d'une bête souffrant de mammite. Une infusion de bouillon-blanc versée tout autour d'un pâturage ou d'une étable préservera le troupeau des maladies.

Afin de favoriser la chance, la réussite et l'abondance, récolte l'oreille de Saint-Cloud le jeudi en lune croissante ou à la nouvelle lune. Porter sur soi quatre fleurs fraîches de cette plante lorsque l'on joue aux jeux de hasard porte chance.

Nous sommes presque rentrés, courage ! Il me faut te présenter la jolie réglisse sauvage. Avançons jusqu'à cette haie de buis...

Eau de divination

Pour boule de cristal

Le sorcier souhaite toujours une méthode pour améliorer ses capacités parapsychiques et notamment sa clairvoyance. Tout en respectant tes convictions religieuses, l'eau de divination pour boule de cristal ajoute à ton don de clairvoyance toute la puissance innée des plantes. L'énergie de certaines d'entre elles crée un véritable condensateur capable de stabiliser le potentiel et d'emmagasiner l'énergie du voyant pour permettre une réception fluide des informations prédictives.

Matériel

- 1 bouteille en verre
- 1 poignée de fleurs et feuilles de molène bouillon-blanc fraîches ou sèches (divination, prophétie)
- 1 poignée d'euphraise fraîche ou sèche (divination, clairvoyance)
- 1 poignée de fougère fraîche ou sèche (clairvoyance, prophétie)
- 1 poignée d'aunée officinale (condensateur de clairvoyance)
- 1 litre d'eau de source
- 5 ml d'alcool à 90°

Procède un mercredi en toute lune, après la tombée de la nuit. Dans une bouteille en verre, place les fleurs et les feuilles de molène bouillon-blanc, tout en demandant à la plante d'activer ses pouvoirs. Puis effectue la même opération avec l'euphraise, la fougère et l'aunée officinale.

Bénis le mélange obtenu et l'eau de source réservée à part selon les rites de tes croyances. Puis, dans la bouteille, ajoute doucement l'eau bénite tout en visualisant la solution devenir violette et lumineuse, vibrant d'une énergie pure. Ajoute ensuite l'alcool à 90° qui te permettra de conserver durant trois mois ton eau de divination au réfrigérateur.

Cette eau sera utilisée sur un linge humide pour frotter avec douceur la boule de cristal, avant une séance de voyance.

Sachet
Sorcier du voyage astral

Ce sachet sorcier est conçu pour protéger le sorcier lors d'un voyage astral, lorsque son âme se dissocie de son corps afin d'agir sur d'autres plans parallèles. Cette pratique n'est pas sans risque puisque des entités de l'autre monde pourraient suivre l'âme du sorcier lorsqu'elle réintègre son enveloppe corporelle. Ce sachet sorcier protégera le corps physique de ce type d'infestation, tout en facilitant l'envol de l'âme du sorcier. Tu dois préparer ce sachet un lundi, à l'aube et en lune croissante ou pleine. Toutefois, dans le cas d'une urgence, tu peux le préparer au plus vite en attendant d'en créer un nouveau sous des correspondances favorables.

Matériel

- 1 carré de tissu blanc
- 1 poignée de molène bouillon-blanc séchée (protection du voyage astral)
- 1 châtaigne séchée (pureté de l'âme, protection)
- 1 poignée d'écorce de buis séchée (voyage astral)
- 1 morceau d'orobanche (anti-larve astrale)
- 3 pincées de sel (barrière, protection)
- 1 œil-de-tigre (protection spirituelle)
- 1 ficelle lavande ou blanche

Installé face au sud, dépose les ingrédients au centre du tissu, un à un, en faisant appel à leurs pouvoirs respectifs.

Rassemble les coins du tissu et lie-les en effectuant trois tours avec la ficelle. Puis effectue trois nœuds en prononçant les paroles suivantes :

*« Barrière, je t'érige pour que mon corps reste intègre
Et qu'aucune âme, autre que la mienne, ne s'y immisce ! »*

Place cette protection sur ton plexus solaire lors d'un voyage astral. Ce talisman est à renouveler tous les ans pour une efficacité assurée.

LA MORELLE DOUCE-AMÈRE

Dans les haies, sur les vieux murs, près des saules ou encore au bord des ruisseaux se répand la morelle douce-amère jusqu'à 1 700 mètres d'altitude. Ce sous-arbrisseau à tige grimpante et retombante possède des feuilles pétiolées. Il peut atteindre jusqu'à 3 mètres de hauteur. Ce bourreau des arbres était très prisé pour ses vertus médicinales et entrait dans la composition de cosmétiques jusqu'au Moyen Âge.

La vigne de Judas contient des alcaloïdes pouvant entraîner des vomissements, des diarrhées, des hallucinations et l'emballement du cœur jusqu'à la paralysie. L'emploi de cette plante à fleurs violettes en étoiles et étamines jaunes s'épanouissant de juin à septembre fut abandonné au vu des risques d'intoxication.

Il était tout de même de coutume dans les campagnes de mâchouiller une tige de cette réglisse sauvage pour briser les sortilèges et enchantements dont on pouvait être victime. Les saveurs douceâtres puis amères de cette plante ne font pas reculer les enfants qui, de nos jours, perpétuent cette tradition en se mettant au défi d'en surmonter le goût.

La morelle grimpante produit des baies ovales vertes puis rouges lorsqu'elles sont mûres, coexistant avec la floraison. Pour cueillir cette plante, il te faudra l'approcher à reculons, puis tracer trois croix sur celle-ci en la remerciant de s'offrir à la récolte. Puis tu libéreras les lieux sans la quitter des yeux, en cachant ton panier derrière ton dos. Garde des baies pour tes offrandes ! Elles sont appréciées des dieux.

La bois de ru est une « révélatrice » de vérité qui ne se cueille que les samedis au crépuscule et les soirs de fêtes tels que le solstice d'été ou encore la Toussaint. Pour connaître une vérité, il te faudra placer une feuille de la morelle rouge sur ta langue. Puis pense à ce que tu aimerais savoir durant quelques minutes. Place ensuite la feuille humide sur ton front, entre les sourcils. Si la feuille laisse une tache sur ta peau, la réponse sera positive.

C'est pour sa capacité à montrer les vérités que l'herbe à la quarte est employée dans les sortilèges et les créations magiques de divination comme les encens. Il est dit que quiconque a de la douce-amère dans son jardin ne verra pas d'esprits frappeurs, puisque ceux-ci comprennent qu'ils sont morts. C'est pourquoi tu porteras un brin sur toi lorsque tu te rendras à un enterrement : cela aidera le mort à comprendre qu'il doit entamer son voyage dans l'autre monde.

Tu pourras utiliser les branches souples de l'herbe de fièvre pour fabriquer une couronne le dimanche après-midi. Cette couronne suspendue au-dessus du lit du malade favorisera sa guérison. Dans cette même intention, tu pourras placer des feuilles de cette bronde dans l'oreiller du malade. Porte un rameau sur toi lors de tes randonnées, il te préservera des coups de chaleur.

J'aperçois des clochettes roses au loin.
Une belle empoisonneuse nous attend…

Sortilège
de protection du foyer

Ce sortilège est utilisé pour installer une protection générale sur tous les habitants d'un foyer. Tu dois l'effectuer le soir du 31 octobre, veille de la Toussaint, jour d'exception pour effectuer des sortilèges particulièrement puissants.

Matériel

- 1 bougie blanche
- 1,3 m de fil de coton ou de laine bleu ciel
- De l'eau bénite
- 5 aiguilles neuves et non rouillées
- 1 racine de morelle douce-amère récoltée le jour même

Lorsque la nuit est tombée, éteins toutes les lumières et allume la bougie blanche. Visualise la lumière grandir jusqu'à t'envelopper entièrement.

Prends la racine de morelle douce-amère et passe-la rapidement dans la flamme de la bougie, par trois fois, en prononçant :

« Douce en dedans,
Pour ceux du dedans,
Amère en dehors,
Pour ceux d'ailleurs,
Protectrice morelle,
Déploie tes ailes ! »

Prends le fil bleu et trempe-le dans l'eau bénite. Visualise une lumière éclatante vibrer littéralement de ce fil mouillé. Puis entoure le fil autour de la racine en prononçant :

« Par dedans et par dehors,
Puissant soit ce sort !
[Énumère le nom des membres du foyer]
Sont les personnes, douce morelle
Qu'à jamais tu protèges !
Le mal qui nous assiège,
Subira tout courroux cruel ! »

Quand il ne reste que quelques centimètres de fil, effectue trois nœuds en visualisant l'énergie lumineuse se déployer à l'infini autour du foyer.

Plante les cinq aiguilles au centre de la pelote obtenue sur la racine pour sceller le sort, en visualisant chaque membre du foyer protégé et enveloppé d'une énergie bleu ciel et lumineuse.

Suspends la racine au plafond de la pièce à vivre du foyer, en remerciant la morelle douce-amère de sa protection et de son soutien.

Ce sort est à renouveler tous les ans la nuit du 31 octobre. Le lendemain matin, enlève le sortilège de l'année précédente et place-le dans un linge blanc propre.

Rends-toi près d'un cours d'eau (ruisseau, rivière, fleuve, mer...), mais surtout ne choisis pas un lieu d'eau stagnante tel qu'une mare ou un étang.

Sors le sortilège de son linge blanc et remercie la douce-amère de sa protection en prononçant :

« Brave morelle douce-amère,
De ta corvée je te libère !
Durant une année entière
Tu as été mon cerbère.
Merci pour le passé et pour l'avenir
Car sans toi ma vie serait bien pire ! »

Lance la racine dans le cours d'eau, en ressentant de la gratitude. Tourne le dos et rentre chez toi sans te retourner une seule fois.

Sortilège
pour démasquer l'ennemi

Le sorcier qui agit avec bienveillance doit trop souvent, hélas, barrer les sortilèges de vils sorciers qui n'ont pas les mêmes règles de bonne conscience. Nos anciens sorciers de campagne n'étaient pas aussi nombreux que les sorcières modernes. Il était donc coutume de chercher le coupable qui avait lancé un mauvais sort. Son identité dévoilée permettait de faciliter la création d'un contre-sort efficace, qui empêchait le bas sorcier d'atteindre sa victime. Ce sortilège doit être appliqué le lundi au crépuscule en toute lune.

Matériel

- 7 charbons de bois
- 1 chaudron de cuivre consciencieusement récuré et sur lequel ne subsiste aucune trace d'abrasion ou de salissure
- 21 aiguilles non rouillées
- De l'eau de source
- 1 rameau de morelle douce-amère frais ou sec
- 1 bâton de noisetier ou de laurier-sauce
- 3 pièces de monnaie

En présence de la victime, place les charbons de bois en cercle, autour du chaudron. Pique chacun des charbons de trois aiguilles non rouillées pour que le sorcier recherché ne se rende pas compte d'une action à son encontre. Remplis le chaudron d'une brillance éclatante de l'eau de source. Place le rameau de morelle douce-amère à la surface de l'eau, au centre du chaudron.

Remue doucement l'eau à l'aide du bâton de coudrier ou de laurier-sauce en prononçant cette formule :

« Vigne de Judas, le sorcier tu dénonceras !
Montre son visage, trois pièces tu recevras ! »

Mélange ensuite encore un peu, en comptant lentement jusqu'à trente. Puis dépose le bâton sur ton plan de travail et enlève le rameau de morelle douce-amère du chaudron.

Le visage du mauvais lanceur de sort se reflétera à la surface de l'eau. Pour remercier l'esprit de la morelle douce-amère, va porter les trois pièces de monnaie à l'endroit de ta récolte. Pose-les au sol et rentre chez toi sans jamais te retourner.

LA DIGITALE POURPRE

La digitale pourpre se plaît à orner les bordures de chemins, les lisières de forêts et les clairières jusqu'à 1 800 mètres d'altitude. Il existe environ vingt autres espèces de digitales. Atteignant jusqu'à 2 mètres de hauteur, elles aiment toutes être exposées au soleil ou sur un terrain mi-ombragé. Mais concentrons-nous sur cette plante à cloches pourpres.

Le gant de Notre-Dame porte sur sa tige solide des fleurs tubulaires en épi, d'une couleur pourpre clair, et dont la lèvre inférieure est marquée de taches foncées, de juin à septembre. Toute la plante est toxique : je te conseille donc de la manipuler avec des gants. Elle provoque des troubles du rythme cardiaque pouvant aller jusqu'à l'arrêt cardio-vasculaire.

La queue-de-loup tient ce nom populaire de sa capacité à augmenter la vitesse de course du loup qui fuit un chasseur. À des fins de protection, il te faudra récolter la plante entière avec ses racines le dimanche ou le lundi en journée et en lune croissante. Trace un cercle autour de la plante avant de la cueillir, en commençant par la direction du nord, puis scelle-le de trois croix afin que l'esprit de la digitale ne s'échappe pas.

S'il est de coutume de planter la gobe-mouche dans les jardins pour protéger le foyer, tu peux employer une infusion de cette plante qu'il te faudra verser devant chaque ouverture de ta demeure pour obtenir le même résultat. Mais prends garde de ne pas boire de cette tisane ! Elle n'est pas destinée à être consommée.

Le doigtier peut être utilisé en protection de bien des façons. Utilise des branches fleuries pour former un cercle au cours de tes rituels afin d'interdire le passage des entités négatives. Place également des bouquets de cette gantière agrémentée de feuilles de fougère dans ton foyer et sur ton autel dans la même intention. Même la magie du bas sorcier ne pourra pas passer ces protections.

La gant-de-bergère récoltée le samedi à la tombée du soir en lune décroissante devient un amplificateur important du pouvoir sorcier. Ajoute des fleurs à la création de tes dagydes pour renforcer le pouvoir d'un sortilège. Longtemps il fut dit que tendre une branche de la pavée devant soi en marchant permettait de voir le petit peuple. Sa présence décuple le don de clairvoyance, ce qui est sans doute la raison de cette tradition.

Mais prends garde aux êtres du petit peuple ! Ils ne sont pas si tendres que nous le pensons de nos jours ! Ainsi, n'oublie jamais de tracer trois croix sur les branches du gantillier que tu utilises : les êtres magiques te traiteront avec respect.

Regarde ! Nous n'avons pas à aller bien loin pour découvrir l'herbe aux sorciers. Grimpe sur ce talus avec moi...

Croix
de protection contre les fantômes

Les croix de protection sont courantes en sorcellerie de campagne, et possèdent des fonctions diverses et variées. Cette croix de protection contre les fantômes est destinée à protéger toute personne qui ne souhaite pas interagir avec ces entités, ou qui subit leurs agissements sous forme de phénomènes paranormaux (déplacement d'objets, bruits sans origine naturelle, toucher spectral, etc.).
Pour fabriquer cette croix, il te faudra agir un samedi à minuit, quand l'heure est favorable au bannissement comme à la protection, en lune décroissante.

Matériel

- 1 bougie pourpre ou violette
- 2 longues épines de même taille d'épine noire ou prunellier (protection, bannissement)
- 1,5 m de fil de coton ou de laine blanche
- 4 fleurs de digitale fraîches ou sèches (protection, amplification de pouvoir)

Installé en direction du sud, allume la bougie pourpre ou violette, en visualisant une énergie lumineuse et chaleureuse s'échapper de la flamme et envelopper tes ingrédients.

Dispose en croix les deux épines d'épine noire. Afin de fixer les épines entre elles, entoure le centre de cette croix du fil blanc en prononçant de manière répétée la formule suivante :

« Les habitants du monde du trépas
Devant cette croix ne passeront pas !
Jusqu'à 100 pas à la ronde,
Que leurs pouvoirs s'effondrent ! »

Effectue trois nœuds avec les extrémités du fil lorsque celui-ci est assez court. Pique une fleur de digitale à chaque extrémité de cette croix en visualisant une boule d'énergie lumineuse se former autour de l'objet.

Souffle trois fois sur le cœur de cette croix, puis laisse-la reposer la nuit aux rayons lunaires.

Dès lors que les premiers signes d'une présence fantomatique se produisent, le porteur de cette croix tendra celle-ci de son bras droit face à lui, en ordonnant à l'esprit de quitter les lieux.

LA VERVEINE OFFICINALE

Ici, sur ce talus ensoleillé, mais également sur les bords de chemins, les décombres et les lieux incultes jusqu'à 1 500 mètres d'altitude, pousse la verveine officinale. Cette herbe à tous maux possède quantité de vertus magiques, c'est pourquoi elle était l'une des trois plantes les plus sacrées des druides, avec la reine-des-prés et la menthe aquatique.

L'herbe aux sorciers peut atteindre jusqu'à 80 centimètres de hauteur. Sa tige dressée comporte des rameaux grêles et des feuilles opposées lobées. Ses fleurs couleur lilas s'épanouissent en épis de juin à octobre. La plante entière se récolte durant la floraison, principalement pendant le solstice d'été, puis selon les besoins.

Les fleurs de l'*ar gwenn*, de petits calices à cinq dents, produisent des capsules à quatre graines qui sont utilisées en magie d'amour, comme pour la protection, la paix ou encore l'abondance. Tu dois récolter cette plante les pieds nus afin de ne pas souiller le sol sacré où cette plante pousse.

Récoltée lors du solstice d'été, l'herbe de la grâce pourra servir à tous les emplois magiques, mais surtout à la confection des couronnes et aux rites de bénédiction et de consécration. Les couronnes sont toujours confectionnées avec des branches fleuries tressées entre elles. Les druides les portaient au cours de leur initiation, mais sache que tu peux en porter une durant tes rituels : cette couronne te protégera lors des invocations et favorisera la connexion aux énergies divines.

Tu pourras également ajouter des brins de l'herbe sacrée dans une coupe d'eau de rosée. Cette eau servira à la purification de ton autel par aspersion, à la purification de l'âme lorsqu'elle est ajoutée au bain rituel ou encore à la consécration de tes outils sorciers. Toutes les parties de la verbénaire serviront à combattre les entités et énergies négatives par fumigation lorsqu'elles sont ajoutées à tes encens.

Récoltée un dimanche à l'aube et en lune croissante, la *louzaouenn an drougaviz* est employée pour la création de nombreux sortilèges de protection. Des bouquets, séchés entre les piles de linge des habitants du foyer, suspendus au plafond ou dans le grenier protégeront l'habitation des orages et de la foudre. Elle servira également à la création d'amulettes de protection.

Tresse une croix des larmes de Junon le jour même de sa récolte, aux heures de la messe chrétienne, pour créer un talisman puissant de protection d'un nouveau-né. Place cette croix au-dessus du berceau de l'enfant : elle le protégera des échanges de fées et des mauvais esprits attirés par la pureté d'un nourrisson. Réduis cette plante en poudre que tu sèmeras autour du foyer pour obtenir les mêmes effets.

Il te faudra revenir cueillir l'herbe de sang un jeudi après-midi et en lune croissante ou pleine pour profiter de ses pouvoirs d'abondance. Enterre profondément cette plante entière, avec sa racine, dans un potager ou encore dans un champ cultivé afin de rendre tes récoltes prospères. Je gage que tu ne manqueras pas de réserves lorsque l'hiver pointera son nez.

Tu récolteras la guérit-tout le lundi à l'aube, et en lune croissante, ou pleine pour tes rituels et sortilèges de guérison. Son suc blanchâtre et épais te servira à masser un malade pour favoriser le retour de sa bonne santé. Une racine de cette plante portée en pendentif sur un collier favorise la guérison des incontinences et des ulcères.

L'herbe à pigeon entre dans la composition des anciennes pelotes de guérison des boiteries. Place dans un tissu bleu ciel de l'ail, de la viande de porc hachée, une pincée de gros sel, une pincée de poivre et une pincée de verveine sauvage. Puis rabats les bords de ton tissu de manière à pouvoir l'enrouler d'un long fil de laine blanc. Effectue cette tâche jusqu'à l'obtention d'une boule semblable à une pelote. Si l'animal ou la personne boite du côté droit, place cette pelote du côté droit de la maison ou de l'étable ; procède inversement si l'animal ou la personne boite du côté gauche.

Les propriétés de l'herbe aux enchantements en magie d'amour ne sont plus à démontrer ! Tu la récolteras pour cela un vendredi aux premiers rayons de l'aube et en lune croissante. Cette veine de Vénus peut être ajoutée à tes recettes culinaires magiques pour favoriser l'amour, mais dose bien tes quantités, car elle offre aux saveurs un goût amer.

Le suc de l'herbe de sang mêlé à du miel, puis ajouté à une boisson, éveillera les sentiments amoureux du partenaire. Tu ajouteras quatre feuilles dans le vin lors d'un repas de fête afin que tes invités aient le cœur joyeux et bienheureux. Le jour de leur mariage, les époux porteront sur eux un brin de cette plante pour favoriser l'amour et la fidélité.

Place dans un tissu rouge trois graines récoltées dans trois capsules différentes de l'herbe du foie. Rabats les coins de ton tissu de manière à former un petit baluchon, puis entoure-le neuf fois d'un fil rouge pour le sceller ensuite de six nœuds. Fais porter ce talisman autour du cou de l'homme souffrant d'impuissance, tel un collier. Il retrouvera toute vigueur et même au-delà…

Mais avançons jusqu'à ce terrain rocheux. Il me semble apercevoir les feuilles caractéristiques de l'herbe aux vierges…

Talisman
contre le mauvais œil

Le mauvais œil est souvent généré par la jalousie et apporte le malheur et la malchance à la victime. S'il est tout à fait possible d'envoyer le mauvais œil à quelqu'un volontairement, de nos jours où les réseaux sociaux exposent nos vies au plus grand nombre, le mauvais œil est généralement envoyé tout à fait inconsciemment par des personnes envieuses de ce que la victime montre ou laisse paraître. Voici un talisman qui protégera son porteur en déviant le mauvais œil de son objectif. Fabrique ce talisman un samedi en lune décroissante et au crépuscule.

Matériel

- 1 bougie noire
- 1 carré de tissu blanc
- 9 feuilles de verveine officinale prises sur 9 plantes différentes et cueillies lorsque la nuit est tombée (bannissement, protection)
- 9 grains de sel (bannissement, protection)
- 1 fil de coton ou de laine noir

Installé en direction du sud, allume la bougie noire en visualisant une énergie lumineuse s'échapper de la flamme et envelopper tes ingrédients. Dépose les ingrédients au centre du tissu, un à un, en faisant appel à leurs pouvoirs respectifs.

Rassemble les coins du tissu et lie-les en effectuant trois tours avec la ficelle. Puis fais trois nœuds en prononçant les paroles suivantes :

« Oculus custodit malum. »
« Œil garde le mauvais. »

Tu porteras ce sachet sur toi pour bénéficier de son action. Pour garantir son efficacité, renouvelle ce sachet tous les trois cycles lunaires.

L'ABSINTHE

L'absinthe, au feuillage gris-vert, argenté et duveteux, pousse jusqu'à 2 000 mètres d'altitude. C'est une vivace aromatique qui se plaît dans les rocailles, les terrains incultes et les bords de chemins. Ses fleurs jaunes éclosent de juillet à septembre : c'est durant cette période qu'il te faudra récolter cette alvine aux saveurs fortement amères.

L'herbe aux vierges, bien qu'elle ne soit pas classée dans les plantes vénéneuses, contient une huile essentielle très active et toxique. Sa consommation doit donc se faire avec parcimonie, car l'abus provoque des intoxications qui valent à cette plante une mauvaise réputation. Emploie-la avec respect, et elle t'apportera sa bienveillance.

Tu récolteras l'herbe aux vers un vendredi avant le lever du jour, en lune croissante, pour l'intégrer dans tes encens et sortilèges amoureux. En tisane ou réduite en poudre pour parsemer légèrement un plat, cette plante est un puissant aphrodisiaque et pousse l'être aimé à déclarer sa flamme. Il suffit de placer une branche d'aluine sous le matelas de la personne convoitée pour déclencher ses sentiments amoureux.

Récoltée un mercredi au crépuscule et en lune décroissante, la grande absinthe favorise l'ouverture des consciences, permettant d'accéder à ses propres capacités médiumniques et de clairvoyance. Tu pourras l'employer à ces fins en fumigation ou pour la création de tes encens. Tu placeras des bouquets de cette plante dans la pièce où est pratiqué le spiritisme, pour obtenir une communication fluide avec les esprits.

Prélève des branches de l'herbe sainte le dimanche à l'aube et en lune croissante pour obtenir des vertus de protection. Suspends des bouquets de ces branches dans le foyer, pour prémunir les habitants du danger. Tu pourras également tresser une couronne de ces branches, puis l'accrocher à la porte d'entrée du foyer pour protéger ses habitants de la basse sorcellerie.

Porte sur toi une branche d'aluine lors de tes randonnées, afin d'éloigner les serpents et éviter les risques de morsures. Tu peux également préparer des bouquets que tu devras mettre à sécher dans les piles de linge des habitants d'un foyer. Ceux-ci pourront brûler ces bouquets le soir de Samhain, le 31 octobre, afin de se protéger des esprits errants.

Il était de coutume de créer divers onguents avec l'armoise amère, soit pour favoriser les ébats amoureux, soit pour favoriser la vision médiumnique et prophétique. Toutefois, les sucs de cette plante contiennent beaucoup d'huile essentielle toxique. Ces onguents doivent être employés en petite quantité et les proportions des recettes doivent être scrupuleusement respectées.

Nous voilà à la fin de l'été. Le soleil va décliner pour laisser place à une nouvelle saison qui nous dévoilera mille autres secrets...

Vin rituel

Ce vin, bien connu des amateurs de délices du terroir, lorsqu'il est préparé avec un soupçon de magie possède le pouvoir d'ouvrir la conscience des énergies et permet de voir par-delà les voiles les entités des autres mondes.

Matériel

- 30 g de feuilles d'absinthe fraîches (conscience, clairvoyance)
- 1 litre de vin blanc
- 100 g de sucre

Place l'absinthe dans une grande casserole, en faisant appel à ses pouvoirs. Verse sur l'ensemble le vin blanc et le sucre, puis mélange le tout à l'aide d'une cuillère en bois en prononçant :

« Que ce vin doux
Affine le voile !
Le corps en dessous,
L'esprit aux étoiles ! »

Porte à ébullition la préparation. Puis éteins le feu et laisse la boisson reposer jusqu'à ce qu'elle soit complètement refroidie.

Filtre, puis mets en bouteille ton vin rituel, que tu réserveras au frais pour le conserver.

Ensuite, il te suffira d'un verre de ce vin, consommé lors de tes rituels, pour bénéficier de ses effets et t'ouvrir aux énergies magiques et divines.

Amulette
du devin

La voyance est un don capricieux : la fatigue, le stress et la pression peuvent amoindrir les talents du devin. Voici une amulette qui favorisera la voyance et la médiumnité et qu'il est préférable de préparer un lundi soir en lune croissante ou pleine.

Matériel

- Il est possible d'employer une petite fiole en verre. Toutefois, la devineresse coquette pourra porter son dévolu sur un médaillon.
- 1 grain de gros sel
- 3 fleurs d'absinthe sèches (conscience, clairvoyance)
- 1 petite mèche de cheveux du destinataire du talisman

Installé en direction de l'ouest, tu ouvriras la petite fiole ou le médaillon. Souffle par trois fois à l'intérieur, en visualisant l'énergie de ton souffle magique illuminer l'objet.

Place à l'intérieur le grain de sel, l'absinthe puis la mèche de cheveux en prononçant :

« Potens divinus (puissant devin) !
Par le souffle de pouvoir, le talent est décuplé ! »

Ferme l'objet contenant le talisman, puis souffle à nouveau sur lui par trois fois.

Ce talisman doit être porté durant les travaux du devin. Plus il sera employé, plus son pouvoir grandira.

Automne

La Jeune s'épuise sous les assauts venteux de la Vieille, et le feuillage des végétaux s'orne des couleurs de feu du soleil tombant. Les fourmis font leurs réserves pour l'hiver, qui sera doux si les monts des fourmilières sont bas.
Fais bien attention où tu mets les pieds sur le sentier ! L'été a été chaud et sec, les sangliers ont labouré la terre jusque sur le chemin, en recherche de nourriture. Porter un pull de laine, dans lequel la tricoteuse aura ajouté sept poils de ce cochon sauvage, apporte force et courage. Entre les racines de ce noisetier, un piquant hérisson prépare son nid confortable, constitué des feuilles rousses tombées au sol. Écrire un sortilège sur un parchemin avec un pic de hérisson, trempé dans de l'encre, apporte le goût des économies.
En levant les yeux au ciel, nous apercevons le ballet volant des grues cendrées, qui migrent des pays de l'Est pour rejoindre notre beau pays. Mais si tu trouves une de leurs grandes plumes grises, prends garde de ne pas l'accrocher dans ton foyer… ou tu seras voué à travailler sans cesse jusqu'à épuisement.
L'air frais nous porte les odeurs d'humus, nutriment de la terre tant propice à l'accueil des champignons. Le geai des chênes, caché dans les feuilles de ce figuier, alerte ses compagnons de notre approche. Arrêtons-nous sous cet arbre, avant que l'automne ne soit trop avancé…

Recette de l'encens de l'automne

L'automne est la saison qui symbolise l'accomplissement, la récompense qui survient après l'effort, la maturation, l'abondance et l'acceptation. Cet encens favorisera toutes ces intentions magiques lors de la création de tes sortilèges. Préparé spécifiquement à l'automne, tu pourras l'employer toute l'année pour un rituel de gratitude, pour favoriser l'harmonie ou augmenter la prospérité, par exemple. Les possibilités de cet encens sont nombreuses : je sais que tu en feras bon usage !

Matériel

- 1 mortier et 1 pilon
- 1 pincée de feuilles de sauge séchées (harmonie, prospérité, gratitude)
- 1 pincée de fleurs d'héliotrope séchées (attraction, introspection)
- 1 pincée de feuilles de lierre séchées (attraction, stabilité)
- 1 pincée de fleurs de vigne séchées (prospérité, maturation)
- 1 morceau de plume d'oie coupé en petits bouts (introspection, abondance)
- 1 pincée de résine de cèdre séchée (perspicacité, accomplissement)
- Du miel liquide

Réduis les ingrédients au mortier, puis ajoute au compte-gouttes une infime quantité de miel liquide afin de lier les ingrédients et obtenir ainsi une préparation homogène. Façonne l'encens de manière à lui donner la forme d'une boule, et laisse-le sécher quelques jours à l'air libre.
Tu pourras le brûler sur un charbon ardent. Conserve-le dans une boîte à l'abri de l'humidité et de la lumière.
Je te conseille de l'utiliser dans l'année suivant sa préparation pour bénéficier de toutes ses saveurs olfactives.

Le figuier

Nous rencontrons naturellement le figuier dans les lieux rocheux ensoleillés et les terrains sableux de la moitié sud de la France, jusqu'à 600 mètres d'altitude. Cet arbre fruitier peut vivre jusqu'à 300 ans et résiste jusqu'à des températures de moins 15 degrés. Mais bien sûr, de nombreuses espèces de ce vénérable sont plantées de nos jours dans nos jardins.

Le figuier de Carie se couvre de feuilles au printemps, puis de fleurs en été. Ces fleurs ne sont pas réellement des fleurs, puisqu'elles éclosent à l'intérieur de poches en forme de figue qui sont les prémices du fruit: on les appelle les « fruits fleurs ». Ces fruits spongieux en forme de poire arrivent à maturation entre août et octobre. Toutefois, la récolte sera différente selon le sexe de l'arbre.

Le figuier mâle, ou figuier sauvage, produit des fruits non comestibles, dont le goût âpre alerte sur leur condition, tandis que le figuier femelle, ou figuier domestique, produit des fruits comestibles et sucrés, dont la chaire graineuse prend une couleur rosée à prune. Si le choix du sexe de cet arbre est intéressant selon les intentions d'un sort lancé, un mâle favorisera la fertilité quand la femelle favorisera la gestation ou la matérialisation par exemple, les deux possèdent les mêmes pouvoirs sans distinction.

Le suc blanc qui s'échappe de l'arbre à cariques lorsque tu récoltes un rameau ou un fruit est irritant et photosensible. Il provoque des brûlures au contact du soleil, mais il détruit les verrues grâce à sa capacité à détruire les chairs. Tu pourras confectionner des colliers de fruits du figuier rouge séchés au four et de feuilles de lierre percées en leur centre portés par un fil à la manière de perles. Les enfants qui porteront ces colliers seront protégés des convulsions.

Fais pousser un caprifiguier en pot dans ta maison pour assurer l'abondance dans le foyer. Mais prends garde de ne pas brûler son bois dans l'âtre de ta cheminée en présence d'une mère allaitante ! Cela tarirait son lait et l'enfant ne pourrait plus être nourri au sein.

Récolte les feuilles un vendredi à midi et en lune croissante pour tes sortilèges d'amour, de sexualité et de fertilité. Tu placeras neuf feuilles de figuier de bouc dans une casserole d'eau bouillante, puis tu les laisseras infuser durant treize minutes. Cette tisane ravivera la passion manquante pour un couple, si elle est consommée au même moment par les deux conjoints.

Tu pourras également remplir de feuilles de l'arbre à Capri (surnom de terroir dérivé du nom populaire « caprifiguier ») l'oreiller de chaque époux avant leur nuit de noces. Cela assurera un mariage fertile et la naissance de nombreux enfants. Toutefois, si la mariée ne désire pas un mariage consommé, elle devra passer entre deux figuiers, l'un mâle et l'autre femelle, à reculons.

Regarde ce talus ! Voici une petite colonisatrice dont la fleur jaune fait persister le soleil de cette saison...

Sortilège
de protection d'une grossesse

La grossesse est sans doute l'expérience la plus merveilleuse que peut vivre une femme. Ce sortilège protégera, durant toute cette période, la mère et l'enfant à naître. Tu procéderas à l'aube d'une pleine lune.

Matériel

- 1 bougie blanche
- 1 feuille fraîche de figuier (protection, gestation)
- De l'encre de chêne (protection, fertilité, cycle)

Installé en direction du nord, allume la bougie blanche, en visualisant une énergie lumineuse envelopper ton matériel.

À l'aide de l'encre de chêne, inscris sur la feuille de figuier le nom complet de la femme enceinte à qui ce sortilège est destiné.
Puis prononce la formule suivante :

« Aussi sûr que le ventre s'arrondit,
[Nom de la femme] s'épanouit !
Comme l'enfant, ce rempart grandit
Par le pouvoir de la magie ! »

Plie la feuille de figuier en quatre. Puis en penchant la bougie blanche, recouvre le sortilège d'une couche épaisse de cire afin de sceller le sort.

Trace sur la cire trois croix de ta salive à l'aide de ton majeur droit. Laisse le sortilège se remplir des rayons lunaires toute la nuit.

Le lendemain, au lever du soleil, dépose-le dans un cours d'eau tel qu'un ruisseau, une rivière, un fleuve, la mer... mais prends garde de ne jamais le déposer dans une eau stagnante comme un étang, une mare ou un lac.

Sortilège
de virilité

Voici un sortilège qui rendra sa virilité à un homme souffrant d'impuissance. Pour cela, tu dois procéder une nuit de pleine lune ou un vendredi après la tombée de la nuit, en lune croissante.

Matériel

- 1 figue bien mûre (virilité, fertilité)
- 1 pincée de safran (puissance, sexualité)
- 3 poils pubiens de l'homme à qui est destiné ce sortilège
- 3 m de fil de coton ou de laine rouge
- 5 grands clous non rouillés

Récolte une figue bien mûre à la nuit tombée, puis rentre chez toi pour effectuer le sortilège.

Installé en direction du sud, coupe le fruit en deux parts égales. Dépose en son cœur une pincée de safran en faisant appel à son pouvoir, puis ajoute les poils pubiens. Cet ingrédient est nécessaire, car il est à lui seul un canal de la force vitale et sexuelle du consultant.

Rassemble les deux parties du fruit, puis enroule autour de celui-ci le fil rouge tout en prononçant continuellement les mots suivants :

« Dat sexualis vigorem. »
« Donne une vigueur sexuelle. »

Lorsque le fil atteint une longueur assez courte, effectue cinq nœuds pour sceller le sortilège. Puis, plante les cinq clous non rouillés de part et d'autre du fruit afin que l'énergie magique appelée soit canalisée dans le sortilège.

Enterre ce sortilège au pied d'un pommier ou d'un chêne. La vigueur sexuelle reviendra à mesure que le fruit se décomposera en terre.

La quintefeuille

Tu croiseras souvent la quintefeuille, car elle pousse partout jusqu'à 1 700 mètres d'altitude. Cette plante rampante est une envahissante de 15 centimètres de hauteur, mais pouvant atteindre jusqu'à 1 mètre de longueur. Sa tige mince et rougeâtre porte des feuilles composées de cinq folioles dentées en étoile. Ses fleurs jaunes à cinq pétales s'épanouissent de juin à octobre.

Il est de coutume d'effectuer la cueillette de la potentille rampante le jeudi en toutes lunes. Mais tu devras tracer de ta main trois cercles autour du pied principal de la main-de-Mars, dont l'esprit combatif a tendance à fuir avant d'être prélevé. Ensuite, tu devras gratter un peu le sol autour de la racine pour pouvoir prélever la plante en la tenant uniquement entre ton majeur et ton pouce.

Afin de couper la croissance d'un panaris, réduis en poudre une racine de l'herbe à cinq feuilles avant de la mélanger à un jaune d'œuf frais. Le malade pourra faire des cataplasmes épais de la pâte obtenue. Tu pourras également utiliser ces racines dans tes sortilèges liés à la communication et à l'équilibre relationnel.

Des petits bouquets du pied-de-poule placé dans le foyer apporteront bonheur et harmonie. Portée sur soi ou en encens, cette racine du diable augmente les potentiels de concentration, d'apprentissage et de compréhension. Elle est donc une plante importante pour les étudiants et quiconque doit passer des examens et diplômes.

Lorsque tu auras besoin d'obtenir une faveur d'un ami, un accord du banquier ou l'approbation de quiconque, porte sur toi trois brins de pied-de-poule pour que ta demande te soit accordée. Une racine de la patte-de-pigeon portée sur soi apporte la chance, favorise le succès dans les affaires et l'abondance financière.

Longtemps, la pied-court a eu la réputation d'être une plante maudite, car elle faisait partie de nombreuses recettes d'onguent de vol des sorciers. Cependant, contrairement à une idée reçue, elle ne possède aucun pouvoir induisant la vision ou la transe. Mais les initiés savent que son atout était de protéger les sorciers durant leur voyage spirituel en repoussant les entités négatives qui auraient pu s'accrocher à eux.

Pour cette raison, la nerf-de-bœuf peut être employée en infusion ajoutée aux bains afin de désensorceler une victime ou encore pour la libérer de l'emprise d'un esprit. Tu utiliseras cette plante dans la création de talismans des voyageurs de l'astral, afin qu'ils puissent réintégrer leur corps en toute sécurité.

Mais avançons dans ce pré ! Je pense pouvoir y trouver la couleuvrée qui servit un temps à soigner la tuberculose...

Coussin
du voyage astral

Ce coussin scrcier est conçu pour faciliter la décorporation astrale et protéger le sorcier lors d'un voyage astral, lorsque son âme se dissocie de son corps afin d'agir sur d'autres plans parallèles. Tu devras procéder un lundi après-midi en lune croissante.

Matériel

- 1 petit coussin confortable
- 1 paire de ciseaux
- 1 mortier et 1 pilon
- 1 poignée de quintefeuille séchée (protection du voyage astral)
- 1 poignée de molène bouillon-blanc séchée (protection du voyage astral)
- 1 poignée de sciure de buis (voyage astral)
- 1 poignée d'armoise (voyage astral)
- 1 poignée de poudre de cannelle (voyage astral)
- 1 poignée de sauge (stimulation, élévation)
- 1 aiguille à coudre
- Du fil

Installé face au sud, enlève la couture du coussin sur une longueur, qui te permet de glisser ta main à l'intérieur.

Réduis les plantes au mortier en appelant leurs pouvoirs respectifs. Ces plantes doivent être écrasées le plus finement possible pour que le coussin soit confortable et que tu ne sentes pas une tige piquer l'arrière de ta tête.

Ajoute par petites poignées la poudre des plantes magiques obtenue à l'intérieur du coussin, en les répartissant dans le rembourrage.

Couds le bord du coussin pour le refermer afin que la poudre ne s'en échappe pas.

Ce coussin devra être employé pour reposer la tête au moment d'une séance de voyage astral.

Sortilège
du souhait exaucé

Qui n'a jamais souhaité ardemment voir un vœu se réaliser ? Voici un sortilège qu'il faudra utiliser avec prudence, car l'accomplissement d'un souhait peut entraîner des changements et des évènements qu'il faut être prêt à assumer. Tu dois effectuer ce sortilège un jeudi à l'aube en lune croissante.

Matériel

- 1 bougie verte
- 1 petite poignée de quintefeuille séchée (vœux)
- 2 fleurs de pissenlit séchées (vœux)
- 3 feuilles de noisetier séchées (réalisation)
- 1 plume de rouge-gorge
- 1 coupelle

Installé en direction du nord, allume la bougie verte en visualisant son énergie bienfaitrice envelopper ton matériel. Place la poignée de quintefeuille, les fleurs de pissenlit, les feuilles de noisetier et la plume dans la coupelle.

Puis, en approchant la bougie verte, brûle l'ensemble en prononçant ton souhait puis cette formule :

« Que le feu emporte mon souhait,
car mon désir est ardent !
Les cieux l'entendent et l'exaucent vaillamment ! »

Tandis que l'ensemble brûle, visualise l'énergie verte t'envelopper. Lorsque tout est consumé et qu'il ne reste que des cendres, sors en direction du nord.

Souffle alors sur les cendres pour les propager dans l'air, qui portera ton souhait à l'Univers.

La Bistorte

Dans les fossés, près des points d'eau, dans les prairies et en montagne pousse la bistorte jusqu'à 2 400 mètres d'altitude. Cette serpentaire à tige simple et dressée de 30 centimètres à 1 mètre de hauteur est une plante noueuse. Cette vulnéraire contient du tanin et entrait dans la composition de baumes cicatrisants.

Les grandes feuilles vert foncé du faux épinard ont un goût acide et sont cuisinées comme les épinards pour agrémenter les plats. Les fleurs roses au sommet d'un long épi colorent la nature de mai à juillet. Le rhizome brun et amer, à chair rouge, se forme après la floraison en automne.

Tu utiliseras les feuilles et les rhizomes de la feuillotte récoltée un jeudi à l'aube en lune croissante dans tes sortilèges d'attraction de l'argent. Nos grands-mères plaçaient parfois une racine de cette plante dans leur bas de laine où elles cachaient leurs économies.

La langue de bœuf ne supporte pas d'entrer en contact avec le fer, c'est pourquoi nos anciens pensaient que des fées vivaient à l'endroit où pousse cette plante. Tu brûleras une racine de bistorte récoltée un samedi avant l'aube en lune décroissante pour obtenir des visions prophétiques et pour apercevoir les êtres du petit peuple.

La renouée bistorte récoltée ce jour-là est également une plante de désensorcellement. Pour cela, il faudra te tenir face à l'ouest en pensant à la personne envoûtée. Effectue un nœud à l'aide d'un fil épais blanc sur le nœud naturel le plus bas d'une tige de ce simple. Puis serre le fil jusqu'à casser la tige noueuse. Recommence ainsi sur chaque nœud de la plante en remontant le long de la tige. Une fois l'action achevée, la victime sera libérée.

Lorsqu'une femme a des difficultés à concevoir un enfant, hache des feuilles de l'andrelle puis ajoute-les à du saindoux et mélange l'ensemble jusqu'à obtention d'un onguent homogène. Place ce baume une nuit entière sous les rayons d'une lune pleine. La femme devra se masser le ventre et le bas-ventre avec ce remède pour favoriser la fécondité.

Tu placeras un bouquet de rhizomes de la couleuvrée dans l'étable ou près de l'endroit où un animal doit mettre bas, pour faciliter les naissances. L'onguent de fécondité que je viens de t'enseigner pourra également servir à enduire les mamelles d'une femelle allaitante pour prévenir et soigner les crevasses qui peuvent se former avec la tétée.

Avançons jusqu'à la lande. J'aimerais te présenter un sous-arbrisseau décoratif qui réchauffe l'automne par ses nombreuses fleurs roses…

Talisman du petit peuple

Les êtres du petit peuple fascinent les hommes depuis la naissance du monde. Certains sont sociables et de bonne nature avec nous, d'autres sont facétieux et s'amusent à nos dépens, d'autres encore peuvent être cruels à notre égard. Lorsque leurs intentions sont peu louables, ils préfèrent être invisibles à nos yeux. Voici un talisman qui favorisera l'approche du petit peuple et le rassurera pour qu'il désire se dévoiler. Un avantage que le sorcier aura soit pour fuir, soit pour converser avec ces êtres. Tu dois confectionner ce talisman un vendredi au crépuscule d'une lune croissante.

Matériel

- 1 carré de tissu vert clair
- 1 rhizome de bistorte séché (petit peuple)
- 1 fleur de digitale séchée (petit peuple)
- 1 fleur d'aubépine séchée (petit peuple)
- 1 pierre naturellement percée de part en part
- 1 ficelle vert clair

Dépose les ingrédients au centre du tissu vert, un à un, en faisant appel à leurs pouvoirs respectifs.

Rassemble les coins du tissu et lie-les en effectuant cinq tours avec la ficelle. Puis effectue cinq nœuds en prononçant les paroles suivantes :

« Qu'à chacun de mes pas
Les êtres se révèlent !
Petit peuple ne te cache pas
Face à ce sachet, mon glaive ! »

Porte ce talisman à chaque promenade que tu feras dans la nature, lieu favori des êtres du petit peuple. Il est à renouveler tous les ans pour une efficacité optimale.

La Bruyère

La bruyère colore les landes, les bois, les tourbières et les coteaux arides jusqu'à 2 500 mètres d'altitude de ses fleurs roses visibles de juillet à octobre. Ce sous-arbrisseau tortueux au feuillage persistant peut vivre jusqu'à quarante belles années, et monte jusqu'à un mètre de hauteur. On raconte que là où pousse la grosse, aucun fantôme ne vient ennuyer le promeneur.

À l'époque victorienne, les spirites avaient coutume de brûler de la brande avant leurs séances médiumniques, afin de contacter les esprits sous la protection des guides spirituels. Tu peux donc employer des branches de cette plante ou en ajouter à tes encens lors de tes pratiques de spiritisme. Ces fumigations sont également favorables aux pratiques divinatoires.

La bucane est une plante réputée protectrice des femmes enceintes et des enfants. Tu pourras l'intégrer dans tes sortilèges de protection de la famille. Tu graveras le nom d'un enfant dans un morceau de racine de bruyère à la pleine lune, pour lui confectionner un puissant talisman protecteur.

Tu pourras également effectuer des nouets pour le bain de cette péterolle. Lorsque tu prendras ces bains à la pleine lune, allume trois bougies blanches et éteins toute autre source de lumière. Plonge-toi dans l'eau et demande à la lune de t'offrir la beauté et la jeunesse du corps et de l'âme pour te préserver des effets du temps. Puis signe ton front de trois croix ou tout autre symbole puissant de tes croyances.

Dans le temps, nos paysans brûlaient des brassées de la bucane mêlée à des feuilles de fougères dans les champs et les potagers pour attirer la pluie lorsque la terre avait soif et que les cultures étaient en souffrance. Les femmes déposaient des bouquets fleuris de cette plante dans le jardin afin de se préserver de la colère du petit peuple.

Il t'arrivera de croiser de la béruée aux fleurs blanches. Il se raconte dans les campagnes que la reine des fées a béni les pieds de ces plantes dont les fleurs ont blanchi. En récolter un brin assure un mariage dans l'année, voilà les célibataires prévenus ! Tu pourras utiliser cette bruyère blanche dans tes sortilèges et créations sorcières destinées à attirer la chance et le bonheur.

La breuvée est une alliée de choix pour les guérisons psychologiques et spirituelles, car il est des maux qui trouvent leur source bien au-delà du corps. Nos vieux guérisseurs de campagne plongent un petit bouquet dans l'eau bénite puis, tout en prononçant leurs prières secrètes, aspergent doucement leur consultant de cette solution.

Approchons-nous de cette haie. Je suis sûre d'y débusquer l'herbe des poètes aux feuilles luisantes…

Eau de bain
Jeunesse éternelle

Ce sel de bain favorise la longévité et la beauté de la jeunesse. Tu dois le concevoir un dimanche à l'aube en lune croissante, uniquement les jours de beau temps.

Matériel

- 1 petit saladier
- 1 poignée de bruyère (longévité)
- 1 poignée de feuilles de chêne (longévité)
- Quelques écorces d'if (longévité)
- 7 baies de gui (longévité, pureté)
- 1 poignée de violettes (beauté)
- 1 rose de couleur rose (beauté)
- 1 litre d'eau bouillante
- 1 bocal

Les plantes pourront être sèches ou fraîches, à ta convenance : pour des plantes fraîches, rajoute 10 minutes au temps d'infusion.

Place tes ingrédients dans le saladier, en faisant appel à leur pouvoir respectif.

Trace du bout des doigts trois croix ou un autre symbole puissant de tes croyances au-dessus de ton contenant, puis prononce la formule suivante en versant l'eau bouillante sur les plantes :

« Sur chaque parcelle de mon corps
Le temps n'a pas d'emprise !
La magie analyse
Et mon corps s'éternise ! »

Laisse les plantes infuser pendant 20 minutes, filtre et réserve cette décoction dans un bocal au frais. Tu ajouteras l'équivalant d'un verre à moutarde de cette eau dans ton bain. Ce bain de jeunesse éternelle doit être pris une fois par mois… *ad vitam aeternam* !

Le lierre grimpant

Tu as forcément déjà croisé le lierre grimpant, que l'on observe partout jusqu'à 1 000 mètres d'altitude. Sa longue tige vigoureuse pouvant atteindre jusqu'à 50 mètres de longueur grimpe le long des murs, des clôtures, des arbres, des haies... parant de son feuillage vert foncé et luisant le support qu'il a décidé d'envahir. Il n'est toutefois pas un parasite, puisqu'il ne se nourrit pas de son hôte.

Les fleurs jaune verdâtre du joli bois fleurissent de septembre à octobre, puis fournissent des baies noires toxiques en novembre. Le lierre peut vivre jusqu'à 400 ans et a de tout temps été employé pour créer des parures magiques naturelles aux multiples pouvoirs sorciers.

Ainsi, tu pourras confectionner des couronnes du bourreau des arbres dont il faudra te couvrir le front lors de soirées de beuveries, pour éviter ce que nous appelons couramment les « gueules de bois ». Une couronne d'herbe à cautère fabriquée à la Sainte-Brigitte sera suspendue dans les étables pour protéger les animaux toute une année.

Une ceinture faite avec une longue branche du lierre des bois réalisée un dimanche matin et en lune croissante soulagera les douleurs dorsales et te protégera durant tes rituels sorciers. Ce même jour, tu pourras créer des petits colliers de cette plante pour soulager les enfants des douleurs dentaires, tandis que deux bracelets de lierre conçus le jeudi et en lune croissante à l'aube et portés par un couple assureront chaque partenaire de la fidélité de l'autre.

Afin de protéger un foyer contre les actions d'un sorcier, tu pourras fabriquer des sachets qu'il te faudra suspendre au plafond de la pièce à vivre et des chambres à coucher. Pour cela, place dans un carré de tissu blanc une petite branche du lierre des poètes, une petite poignée de sel et une petite fiole d'eau bénite. Rabats les coins du tissu de manière à former un petit baluchon, puis attache-le en effectuant 3 nœuds à l'aide d'un fil de laine blanc.

Si tu t'interroges sur la réussite d'un projet qui te tient à cœur, pose des feuilles du lierre commun fraîches dans un bol rempli d'eau de source. Laisse reposer ces feuilles durant neuf jours, en n'oubliant pas de lui poser ta question chaque soir à la tombée de la nuit. Le dixième jour, si toutes les feuilles sont tombées au fond du bol, ton entreprise sera un échec. Si seulement une partie flotte encore à la surface, ton projet sera périlleux, mais possible. Si aucune feuille n'a coulé, ton succès sera assuré.

L'herbe à cors est souvent employée dans les sortilèges d'attraction et d'attachement. Tu pourras également l'utiliser pour invoquer la rosée afin de récolter cette eau précieuse. Mais sache que lorsque l'*ellara* ornant les murs d'une maison meurt, il annonce que les habitants du foyer vont vivre de grands malheurs.

Regarde ! Voici une plante à la couronne de lionne dont la réputation ne s'est jamais ternie jusqu'à nos jours...

Sachet
Sorcier des animaux

Nous aimons tant nos compagnons que nous cherchons à les protéger des maux de la vie par tous les moyens. Ce sachet sorcier est conçu pour protéger un animal de tous types de sortilèges qui pourraient être lancés à son encontre. S'il est préférable de préparer ce sachet un dimanche à l'aube et en lune croissante ou pleine, tu peux le préparer au plus vite dans le cas d'une urgence, puis tu en créeras un nouveau sous des correspondances favorables.

Matériel

- 1 carré de tissu blanc
- 3 feuilles de lierre séchées (protection contre les sortilèges)
- 5 fleurs de géranium séchées (protection contre la magie)
- 1 racine de fumeterre séchée (protection contre la magie)
- 1 trèfle à quatre feuilles séché (protection spécifique contre les envoûtements)
- 3 fleurs de ficaire séchées (protection contre les sortilèges et la prise de contrôle de l'esprit)
- 1 racine de chélidoine séchée (renvoi des actions magiques)
- 1 fil de coton ou de laine blanc

Installé face à l'ouest, dépose les ingrédients au centre du tissu blanc, un à un, en faisant appel à leurs pouvoirs respectifs.

Rassemble les coins du tissu blanc et lie-les en effectuant trois tours avec la ficelle. Puis fais trois nœuds en prononçant les paroles suivantes :

« Magie je te barre,
Enchantements je vous croise,
Sortilèges je vous lève !
Retournez demander compte à votre demandeur ! »

Place cette protection dans la niche, l'étable, l'écurie, le poulailler, etc. de l'animal, ou encore suspendu au-dessus de son couchage ou de sa cage pour un animal du foyer. Ce talisman est à renouveler tous les ans.

Appel des saints

Dans les campagnes, nous faisons régulièrement appel aux saints protecteurs pour qu'ils nous aident dans des domaines divers et variés. Saint Antoine de Padoue est invoqué pour retrouver les objets perdus, saint François de Sales apporte l'inspiration, tandis que saint Louis de Poissy soigne les abcès. Ce ne sont que des exemples, car de nombreux saints intercèdent pour les mêmes demandes.

Matériel

- 1 stylo à encre
- Des feuilles de lierre

Afin de t'aider à choisir quel saint invoquer pour obtenir ses faveurs, écrit sur des feuilles de lierre le nom de chaque saint aidant aux mêmes fonctions. Jette ces feuilles ensemble en un seul lancer dans une fontaine ou une source, en pensant à ton besoin et en prononçant l'invocation suivante.

« O glorieux saints pleins de bonté et de grâce,
pleins de compassion et d'amour pour ceux qui souffrent
et vous supplient humblement !
Je vous conjure d'intercéder en ma faveur
et d'appeler celui d'entre vous qui m'accordera
sa gracieuse bienveillance ! »

La première feuille recouverte par l'eau désignera celui qui pourra le mieux te venir en aide.

L'aunée officinale

L'aunée officinale pousse dans les fossés, les haies et les bois jusqu'à 800 mètres d'altitude. Sa tige dressée, aux feuilles dentées et amples, peut atteindre jusqu'à 2 mètres de hauteur. Ses fleurs jaunes aux nombreux pétales éclosent de mai à septembre. Toutefois, sa racine est la partie qui fut le plus employée pour ses vertus médicinales : c'est elle que nous venons récolter après la floraison.

Tu pourras employer la racine de la grande aunée, récoltée le vendredi à l'aube et en lune croissante, dans tes sortilèges amoureux. Ainsi, tu pourras fabriquer des sachets sorciers composés d'une racine de l'œil de cheval, d'une rose et de trois feuilles de lierre afin que son porteur attire à lui l'amour de sa vie.

L'aromate germanique est une excellente plante de protection lorsqu'elle est récoltée le dimanche ou le lundi à l'aube et en lune croissante. Lorsque le ciel s'obscurcit, fais brûler une racine mêlée à de la verveine dans un petit feu de bois allumé dans le jardin, afin de protéger ton foyer de la foudre et de la grêle.

Tu pourras employer les racines de l'enule-campane récoltées ce jour-là pour en faire une poudre qui servira, mêlée à du gros sel, à tracer ton cercle de protection durant tes rituels sorciers. Après les avoir fait infuser dans de l'eau de source, tu pourras utiliser cette eau en aspersion pour combattre les entités et énergies négatives lors d'un rituel de purification.

Employée au cours d'une séance de divination, la panacée de Chiron permet d'amplifier les pouvoirs parapsychiques. Ainsi, placer une racine près d'une boule de cristal permet au voyant de percevoir l'avenir avec une facilité accrue. Brûlée sur un charbon, la racine d'hélinine aux senteurs sucrées détend le voyant et ouvre ses perceptions.

L'astre des chiens a longtemps été lié aux dieux solaires et des bouquets leur étaient dédiés sur les autels de culte. De nos jours, après avoir effectué de nouvelles récoltes, il est courant de conserver les réserves de l'année précédente jusqu'à l'entrée de l'hiver. C'est à cette période que l'on brûle la lionne passée en l'honneur du soleil pour le remercier d'avoir chauffé la terre avant son repos hivernal.

Comme je te l'ai expliqué, la plante aux infirmières est réputée pour ses propriétés médicinales. Autrefois, il était de coutume de placer une racine de cette plante près de la tête d'un malade alité, tout le temps de son traitement. Cette racine était enterrée quand la guérison était complète.

Sens-tu cette odeur ? Continuons notre chemin ! Il me semble bien reconnaître les senteurs typiques d'une aromatique utilisée en magie depuis des milliers d'années...

Bouteille sorcière

Contre les entités négatives

Le sorcier croise tout au long de sa vie toutes sortes d'entités : lors de dégagements de lieux, d'exorcismes, d'attaques de bas sorciers... Sa capacité à ressentir ces entités et à combattre celles qui sont nocives le met en danger. Le sorcier doit donc se protéger personnellement pour pouvoir venir en aide à tous. Une bouteille sorcière ne peut être fabriquée qu'à l'intention d'une personne unique, avec une charge biologique puissante afin que la chance soit attirée vers elle pour réaliser son bonheur. Tu devras mettre au point cette bouteille sorcière un samedi à la nuit tombée et en lune décroissante ou noire.

Matériel

- 1 bougie noire
- 1 bouteille en verre avec un bouchon hermétique
- 13 clous non rouillés
- 13 billes de plomb (défense, combat de la négativité)
- 1 mèche de cheveux et 3 ongles de la personne à qui est destiné le sort
- 1 racine d'aunée officinale hachée, sèche ou fraîche (protection, barrière)
- 1 poignée d'achillée millefeuille sèche ou fraîche (protection, renvoi)
- 13 graines de moutarde (destruction de la négativité)
- 9 feuilles d'ortie séchées ou fraîches (purification, protection, défense)
- 1 entonnoir
- De l'eau de source

Pour préparer cette bouteille sorcière, tu dois te placer face à l'ouest. Place ensuite ta bougie le plus à l'ouest de ton plan de travail, puis allume-la en prononçant cette incantation :

« Par la puissance du dieu rempli de lumière,
Que s'enfuient mes adversaires ! »

Place dans cet ordre les ingrédients à l'intérieur de la bouteille : les clous non rouillés, le plomb, la mèche de cheveux, les trois ongles, la racine d'aunée officinale, l'achillée millefeuille, les graines de moutarde et l'ortie en prononçant à chaque ajout la formule suivante, tout en visualisant une énergie lumineuse entrer dans la bouteille :

« Pour [Nom de la personne visée]
la protection est érigée !
Car ainsi les lois de l'Univers l'ont décidé !
En la lumière réside le pouvoir !
Sur le sombre, écrasante est ma victoire ! »

Puis, à l'aide d'un entonnoir, remplis la bouteille jusqu'au goulot d'eau de source. Visualise en même temps l'énergie lumineuse contenue dans la bouteille se colorer et se mélanger au liquide et récite à nouveau la formule précédente.

Referme bien la bouteille : celle-ci ne devra plus être ouverte ! La charge qu'elle contient va augmenter en puissance au fil des lunes et des ans. Prends la bougie noire et penche-la pour verser la cire sur le bouchon et sceller ainsi le sort. Rends-toi ensuite en extérieur, puis tends cette bouteille à bout de bras en direction de la lune et prononce :

« Ô toi, astre rayonnant,
scelle ma magie dans l'espace et le temps !
Par la puissance de ta lumière
[Nom de la personne visée] au mal n'aura pas à faire ! »

Cette bouteille doit être placée dans le foyer de la personne pour qui le sortilège est construit, à l'abri des regards : soit dans la partie la plus à l'ouest d'un grenier ou d'une cave, soit dans un mur ou un plafond (ce qui nécessite quelques travaux), ou encore dans un placard ou au-dessus d'un meuble, toujours en direction de l'ouest.

SAVOIR MAGIQUE

Afin de libérer le sortilège pour des raisons diverses (décès de la personne, décision d'annulation du sort, etc.), il suffira d'enterrer cette bouteille sorcière dans un espace naturel (pré, parc de ville, jardin, forêt…). L'Univers se chargera de libérer en douceur l'énergie contenue sans porter atteinte à l'équilibre naturel.

L'achillée millefeuille

Dans les prés, sur les bords de chemins et près des voies ferrées jusqu'à 2 500 mètres d'altitude pousse l'achillée millefeuille. Cette vivace aromatique à tige dressée tient son nom de ses feuilles finement divisées en nombreux segments. Couronnant une tige pouvant atteindre jusqu'à 70 centimètres de hauteur, ses multiples fleurs blanches ou rosées s'épanouissent de mai à octobre.

Il s'agit d'une des nombreuses herbes de Saint-Jean (dont je te confierai la liste lorsque nous serons dans l'occultum), qui est traditionnellement brûlée en juin pour appeler les énergies solaires. Tu devras la cueillir à la pleine lune pour l'intégrer à tes sortilèges liés au pouvoir de divination. Une tisane de ses feuilles facilitera la clairvoyance : attention de ne jamais en faire boire à une femme enceinte ! La millefeuille est une plante abortive.

Récolte-la le vendredi quand le soleil est à son zénith et en lune croissante pour l'employer dans des sortilèges liés à l'amour. Si tu portes un sachet rose rempli de fleurs de sourcils de Vénus dans ta poche gauche, tu pourras aller conter fleurette à l'élu de ton cœur avec succès. Tu pourras ajouter ses fleurs à un encens favorisant les sentiments amoureux après avoir obtenu satisfaction.

L'herbe aux charpentiers est avant tout une excellente plante de protection. Une nuit de pleine lune, fais infuser dans une coupe une poignée de ses fleurs, puis dépose avec elles un beau gland récolté sur un vieux chêne. Laisse l'ensemble la nuit entière sous les rayons lunaires. Puis le lendemain, perce de part et d'autre le gland afin de pouvoir y insérer un cordon. Porté en collier, ce talisman te protégera et décuplera ta force.

Les bouquets de l'herbe aux militaires protègent tout être vivant à proximité des sortilèges qui leur sont lancés. Porter des feuilles récoltées un dimanche au crépuscule en lune montante sur soi chasse les pensées négatives, tandis qu'elles apportent la protection en fumigation. La plante entière récoltée à ce moment sera un atout dans les travaux de désenvoûtement et d'exorcisme. Une tisane de cette plante dépolluera des énergies stagnantes les outils du sorcier au nettoyage.

Tu récolteras une belle brassée de l'herbe de Saint-Joseph un dimanche à l'aube et en lune montante. Tu entortilleras et tresseras les longues tiges de manière à former une grande croix aux pointes fleuries. Il te suffira de suspendre cette croix à l'intérieur de ton foyer, au-dessus de ta porte d'entrée. Les mauvais sorciers et les entités néfastes ne pourront pas franchir ton seuil !

Le vent se fait frais. Allons nous abriter un moment près de cette vieille ruine ! Nous y croiserons sûrement la bourse du pastouriau...

Coussin du rêve prophétique

Ce coussin sorcier est conçu pour apporter au sorcier des rêves prophétiques et prémonitoires durant son sommeil. N'oublie pas que les rêves prophétiques se révèlent parfois sous une symbolique puissante que toi seul pourras décrypter. Tu devras procéder un lundi au crépuscule et en lune décroissante.

Matériel

- 1 petit coussin confortable
- 1 paire de ciseaux
- 1 pilon et 1 mortier
- 1 poignée d'achillée millefeuille séchée (visions prophétiques)
- 1 poignée de fougère séchée (clairvoyance, visions prophétiques)
- 1 poignée d'euphraise séchée (clairvoyance, visions prophétiques)
- 1 poignée de laurier-sauce (clairvoyance, visions prophétiques)
- 12 baies de genévrier dénoyautées et réduites en poudre séchée (visions prophétiques)
- 1 poignée de poudre de cannelle (clairvoyance)
- 1 poignée de sauge (stimulation, élévation)
- 1 aiguille à coudre
- Du fil

Installé face au sud, enlève la couture du coussin sur une longueur qui te permet de glisser ta main à l'intérieur.

Réduis les plantes au mortier en appelant leurs pouvoirs respectifs. Ces plantes doivent être écrasées le plus finement possible pour que le coussin soit confortable et que tu ne sentes pas une tige piquer l'arrière de ta tête.

Ajoute par petites poignées la poudre des plantes magiques obtenue à l'intérieur du coussin, en la répartissant dans le rembourrage.

Couds le bord du coussin pour le refermer afin que la poudre ne s'échappe pas. Le sorcier devra poser la tête sur ce coussin avant de s'endormir le soir. Les visions peuvent être puissantes, n'oublie pas d'en prendre note pour ne rien oublier !

Huile
des herbes de Saint-Jean

Une fois tes herbes récoltées et séchées, tu pourras préparer cette huile des herbes de Saint-Jean. Employée en massage, elle soigne, décontracte, apaise, soulage, réconforte... bref, c'est l'huile « de tous les soins ». Choisis un grand contenant pour effectuer ta préparation : n'oublie pas que 27 plantes devront macérer ensemble dans ton huile !

Matériel

- 1 grand pot en verre avec un bouchon hermétique
- 1 bouteille d'huile végétale
- 1 poignée de chacune des 27 herbes de Saint-Jean sacrées et du cycle, fraîches ou sèches
- 1 galet assez lourd pour maintenir les plantes au fond du pot

Place tes ingrédients dans le pot en verre, un par un, en appelant leurs pouvoirs de guérison. Lorsque toutes les plantes sont ajoutées, dépose au-dessus de celles-ci le galet qui devra les maintenir au fond du pot.

Trace du doigt trois croix au-dessus du pot et prononce :

« Maintenant et à toute heure
Que cette huile fasse mon bonheur !
La guérison est apportée
Pour le retour de la santé ! »

Ajoute l'huile jusqu'à ras bord du pot en verre. Les plantes ne doivent pas entrer en contact avec de l'air que le pot pourrait contenir : cela entraînerait des moisissures qui gâcheraient toute l'huile et tout serait à recommencer.

Répète la formule magique, puis ferme le couvercle du pot. Trace trois croix sur le couvercle du bout du doigt.

Range ton pot dans un endroit à l'abri de la lumière (placard, cellier, etc.). Laisse macérer les plantes durant cinq cycles lunaires puis filtre ton huile des herbes de Saint-Jean qui sera alors prête à l'emploi.

Savoir magique

Nous avons déjà croisé quelques herbes de Saint-Jean, dont notre achillée millefeuille fait partie. Elles sont appelées ainsi, car il était de coutume, à l'aube de la Saint-Jean, le 23 juin, de récolter ces simples couverts de rosée et bénéficiant des énergies terrestres à leur apogée. Ces herbes sont :
– Les 7 herbes de Saint-Jean sacrées : achillée millefeuille, millepertuis, armoise, lierre terrestre, sauge, marguerite, joubarbe.
– Les 20 herbes de Saint-Jean, récoltées au cours du cycle annuel suivant, principalement durant l'été et au début de l'automne : hysope, bourrache, angélique, verveine, lavande, pimprenelle, romarin, aubépine, grande mauve, reine-des-prés, chélidoine, capucine, myrte, plantain, gentiane, mélisse, thym, menthe, serpolet, marjolaine.

LA CAPSELLE BOURSE-À-PASTEUR

La capselle bourse-à-pasteur est une plante rustique que l'on retrouve dans les champs, les jardins, sur les bords de chemins, dans les décombres ou encore près des vieux murs jusqu'à 2 300 mètres d'altitude. Ses fleurs blanches sont présentes toute l'année sur une tige dressée montant jusqu'à 50 centimètres de hauteur, dont les feuilles entourent la base de la plante en rosette.

Les fruits en forme de cœur de la bourse du pastouriau, qui parsèment la tige, contiennent des graines jaunes et coexistent toute l'année avec la floraison. Tu prélèveras cette plante en veillant à ne jamais arracher la racine, car la plante garderait pour elle tous ses pouvoirs magiques. La bourse de Judas peut être récoltée à tout moment sans incidence sur ses pouvoirs.

Cette bourse de capucin est bien connue pour être une soigneuse des hémorragies. Elle est utile aux guérisseurs coupeurs de sang (qui arrêtent les hémorragies et soignent les caillots sanguins). En fumigation, la boursette décuple leur action guérisseuse lors d'un soin à distance. Tu pourras également l'employer pour des nœuds de guérison des maux du sang.

Afin d'arrêter les hémorragies nasales, ton consultant devra tenir dans la main opposée à la narine par laquelle le sang s'écoule deux brins de la tabouret tout en baissant la tête. Tu traceras alors de ton index, avec le sang échappé du malade, une croix puis le mot « APOLION » (dont la signification est un secret bien gardé) sur le front de celui-ci. Le saignement cessera aussitôt. Les femmes souffrant des maux de la ménopause portent un petit sachet rouge à hauteur du ventre, rempli de sept fruits de la moutarde de Mithridate.

La molette du berger favorise les sortilèges d'argent et de richesse. Ainsi, tu pourras agir un jeudi à l'aube en lune croissante. Tu tremperas une pièce d'argent huit minutes dans une tisane de fruits de la malette associés à quatre trèfles à quatre feuilles. Une fois ce temps écoulé, tu placeras cette pièce dans une tirelire afin de favoriser les économies.

Afin de soulager les douleurs de poussées dentaires des enfants, confectionne un petit sachet de tissu rouge dans lequel tu déposeras une poignée de fruits de la bourse du berger. L'enfant doit porter en collier ce sachet au plus proche du cou. Lorsque les dents seront sorties de la gencive, jette le sachet dans un cours d'eau : rivière, ruisseau, fleuve, etc., mais jamais en eau stagnante comme une mare ou un étang.

La millefieurs a la capacité de développer le don de voyance. Tu pourras ajouter ses fruits et fleurs à tes encens de divination. Une tisane de cette plante, prise avant une séance divinatoire par le voyant, augmente le potentiel de réception d'informations sur l'avenir.

Suis-moi et fais bien attention où tu mets tes pieds ! Nous allons voir un arbre dont les fruits réchauffent les cœurs.

Nœud
de guérison du sang

Blessures, coupures profondes, maladies diverses... il existe bon nombre de raisons pour qu'il soit demandé au sorcier de couper les hémorragies et soigner les maux du sang plus ou moins sévères. Il est convenu que le sorcier agit à distance efficacement, sans empêcher le consultant d'accéder à des soins médicaux. Voici un secret de guérison des maux du sang qui m'a été confié. Tu peux l'effectuer à la demande, en tout jour et toute lune.

Matériel

- 1 papier carré et blanc
- 7 fruits de la capselle bourse-à-pasteur séchés ou frais
- 7 brins de paille

Avec la plus grande concentration, écris le nom complet et la date de naissance du malade sur le papier blanc. Dépose un à un les fruits de la capselle bourse-à-pasteur au centre du papier, en te concentrant sur le malade.

Plie ton papier autant que possible. Puis, entoure cette boulette de papier obtenue des brins de paille en les enroulant un à un. Tu effectueras un nœud pour chacun, en prononçant la formule suivante :

« Herbe qui de Dieu est créée,
Montre les vertus que Dieu t'a données ! »

Tu iras ensuite déposer l'objet de guérison dans un trou formé naturellement dans l'écorce d'un arbre.

Expérience magique

J'ai moi-même été victime d'un accident qui m'a plongée dans cet univers de soin parallèle à la médecine.

Je travaillais en 2000 dans un restaurant en Suisse. J'ai glissé en portant sept bouteilles d'eau minérale en verre, qui se sont brisées et je me suis fait de nombreuses plaies profondes avec les éclats de verre. Au service des urgences de l'hôpital de Bulle, les médecins ont décidé d'appeler « un qui a le secret » afin d'arrêter les hémorragies qui empêchaient d'enlever les petits bouts de verre dans les plaies.

En quelques secondes, après avoir eu mon nom, mon âge et la confirmation que je n'étais pas en période de cycle menstruel, le guérisseur est parvenu à couper tous les saignements à distance. Les médecins ont pu finir le nettoyage des plaies et poser 37 points de suture sans difficulté. Quant à moi, j'ai ouvert une porte sur l'univers des guérisseurs, qui n'est pas très éloigné de celui de la sorcellerie de campagne.

Le châtaignier

Voici le majestueux châtaignier que nous croisons dans les bois et les zones montagneuses jusqu'à 1 300 mètres d'altitude. Cet arbre au tronc massif et au bois solide peut vivre 1 000 ans et atteindre 35 mètres de hauteur. Son écorce est lisse quand elle est jeune, puis se fendille quand l'arbre prend de l'âge. Les longues feuilles d'un vert éclatant sont pétiolées et luisantes. Les fleurs claires éclosent de juin à juillet, puis forment des chatons mâles d'une dizaine de centimètres.

Les fruits du castagnié se récoltent de septembre à novembre. Les bogues hérissés d'épines de la châtaigne s'ouvrent sur trois fruits qui sont excellents lorsqu'ils sont cuits. Souviens-toi de ne pas t'allonger au pied du castagno quand tu as besoin de repos : ces arbres sont le refuge des serpents. Les châtaignes sont parfois employées dans les sortilèges d'amour et d'abondance, bien que ce ne soient pas leurs attributs magiques les plus puissants.

Lorsque le ramonier atteint un âge vénérable, il arrive que le tronc de l'arbre vivant se creuse. Lorsque l'espace ouvert par l'écorce fendue naturellement est assez grand pour qu'un homme puisse s'y tenir assis, il est l'endroit où toutes les connexions entre les hommes, les dieux et les esprits de l'autre monde sont possibles. Le ramonier devient alors un canal spirituel puissant.

La récolte du feuillard peut s'effectuer à tout moment lorsque le soleil est levé. Toutefois, pour augmenter son potentiel magique, il est avantageux de faire tes réserves le dimanche ou le lundi en lune croissante et pleine en journée. Il est de coutume de manger des châtaignes grillées au feu de bois la veille de la Toussaint afin de purifier le corps et ne pas être poursuivi par les esprits des défunts lors des visites au cimetière.

Tu placeras les fruits de l'arbre à pain sous ton oreiller et déposeras des bogues, les piques pointés vers le haut, en ligne droite devant ton palier et sur le rebord extérieur de tes fenêtres pour empêcher l'entrée aux entités négatives. Tu pourras également placer en cercle des bogues sous le lit des enfants pour qu'aucun farceur du petit peuple ne vienne les effrayer la nuit.

Tu pourras aussi placer un cercle d'écorce de castagnié non fendu sur la tombe d'un défunt suicidé ou assassiné pour apporter le repos de son âme. Place des fruits du pétoussier dans le linge rituel ou encore dans les robes des futurs communiants pour apporter la pureté en entrant dans les cercles magiques ou les églises.

Les bogues du pain du pauvre sont d'une grande utilité pour repousser le mal. Ainsi, tu pourras entourer une dagyde de protection de ces bogues hérissés pour empêcher les attaques magiques. Lorsque tu effectueras un sortilège, place un bogue sur ton plan de travail en direction de chaque point cardinal pour empêcher toute énergie et entité négative de nuire à tes travaux sorciers.

Allons voir maintenant une plante aux pommes épineuses qu'il ne te faudra pas risquer de manger !

Talisman d'autel du sorcier

Ce talisman d'autel est conçu pour empêcher toute énergie négative ou stagnante de polluer cette table sacrée. Il empêche également les entités négatives de se repaître des offrandes destinées à des déités, proches décédés et autres intentions louables. Tu dois fabriquer ce talisman un samedi au crépuscule et en lune décroissante.

Matériel

- 1 petit carré de papier blanc
- De l'encre de chêne
- 1 bogue de châtaignier entrouvert contenant 3 châtaignes (protection, barrière)
- 1 bougie blanche

Installé en direction du sud, prends le papier blanc et trace dessus à l'encre de chêne le IIIe pentacle de Dom Bernardin :

Active ce pentacle selon les rites de tes croyances. Cette étape est importante, car si un pentacle n'est pas activé il ne restera qu'un simple dessin et le talisman sera inefficace.

Plie ensuite le papier en quatre et place-le au-dessus de l'ouverture du bogue contenant les trois châtaignes.

Allume la bougie blanche en visualisant une lumière éclatante émaner de la flamme, puis envelopper le talisman.

Penche la bougie au-dessus du pentacle, puis fais couler une belle quantité de cire de manière à fixer le papier au bogue solidement et sceller le sort, en prononçant la formule suivante :

« Par le pouvoir qui m'est octroyé
Et par la volonté divine supérieure à tout ce qui existe,
Le mal est renvoyé d'ici et ne pourra s'y inviter
Car à la lumière bienfaitrice aucun mal ne résiste ! »

Lorsque la cire sera durcie, dépose ce talisman sur ton autel de façon que les piquants soient dressés vers le ciel et la cire posée sur l'autel. La protection de ce lieu sacré est assurée !

Le datura stramoine

Le datura stramoine est une plante toxique contenant des alcaloïdes. Tu devras manipuler avec prudence et en privilégiant le port des gants. L'emploi de cette plante en ingestion ou en absorption par la peau provoque la confusion, une baisse de la vision, des fièvres, une tachycardie, des hallucinations entraînant des délires jusqu'à des convulsions provoquant le coma et la mort. N'oublie jamais que cinq grammes de feuilles fraîches ingérées suffisent à tuer un enfant. Voilà qui impose le respect, n'est-ce pas ?

La pomme épineuse pousse dans les friches, les décharges naturelles, les décombres, les bords de chemin et les champs cultivés jusqu'à 1 200 mètres d'altitude. Sa longue tige, tantôt verte, tantôt violette, peut monter jusqu'à 2 mètres de hauteur. Tout dans cette plante émet une odeur fétide entêtante. Les grandes feuilles aux dents pointues de l'herbe aux fous peuvent mesurer 20 centimètres d'envergure.

Les splendides fleurs de la trompette-de-la-mort peuvent être blanches ou lilas à cœur pourpre, en entonnoir à cinq lobes et s'épanouissent de mai à septembre. Elles laissent place à des fruits ovales, recouverts d'épines épaisses, dont la chair contient quatre quartiers remplis de nombreuses graines brunes puis noires quand elles sont à maturité de juillet à octobre.

Lorsque tu procéderas à tes récoltes, tu prendras garde de ne jamais marcher sur les graines de l'herbe aux taupes tombées au sol si tu ne souhaites pas être tourmenté par les êtres du petit peuple jusqu'à ton dernier souffle. Ce ne sera pas toujours aisé puisqu'il te faudra avancer à reculons vers la pomme poison en prononçant les mots suivants :

« Arutad me voilà ! Je te salue charmante dame ! »

Puis trace trois croix de ta salive sur le bas de la tige et un cercle autour du pied à l'aide de la pointe d'un couteau. Après la récolte, remercie la plante en lui offrant trois grains de blé.

Nos anciens toléraient la présence et plantaient même des plants de l'herbe aux sorciers autour des cultures, car celles-ci étaient préservées des attaques d'insectes attirés et empoisonnés par la plante mortelle. Ils portaient des feuilles de cette herbe des magiciens sur eux quand, surpris au champ par la pluie, ils devaient traverser une rivière en crue pour s'abriter chez eux.

Tu récolteras le dimanche avec douceur la rosée du matin perlant sur les feuilles de la trompette des anges. Cette rosée bien spécifique a la réputation d'être un talisman puissant pour appeler le soutien des anges. Pour cela, il te faut la conserver sur toi dans une petite fiole de verre après l'avoir laissée une nuit sous les rayons de la lune.

Tu pourras enterrer treize fruits encore verts de l'herbe des magiciens dans ton jardin afin de préserver ton foyer des entités négatives et des sortilèges lancés contre toi.

Sache également que les cercles magiques formés par les feuilles de l'herbe du diable sont de puissants boucliers qui ne laissent ni entrer ni sortir la moindre entité, bonne ou néfaste.

En fumigation, les feuilles et les fleurs de la chasse-taupe, récoltées un lundi au crépuscule en lune descendante, facilitent la communication spirite, la clairvoyance et la vision prophétique. Ses fleurs séchées et ses graines peuvent être ajoutées à tes créations magiques telles que des sachets sorciers, des bouteilles de sorcière ou encore des nouets dans ces mêmes intentions magiques.

L'endormeuse a de tout temps été employée pour induire des transes puissantes aux effets controversés. Des feuilles de la châtaigne puante, roulées en un bâton de la forme d'un cigare afin de ralentir la combustion, peuvent être brûlées en fumigation lorsque le sorcier se trouve en extérieur, dans un lieu sauvage et calme. Cette fumée facilite la métamorphose du sorcier : cette capacité consiste à dissocier le corps et l'esprit du praticien afin d'investir par l'esprit le corps d'un animal avec le consentement de celui-ci.

Il est temps de reprendre la route.
As-tu vu cet arbre aux aiguilles pointues ?
Viens ! Allons voir ce qu'il a à t'enseigner...

Huile d'onction

Sortilège

Il est courant en sorcellerie d'oindre les bougies d'huile préparée magiquement, afin d'optimiser l'efficacité des sortilèges et des rituels. Cette huile d'onction sortilège est conçue avec des plantes vénéneuses, et bien que les quantités soient savamment calculées, il te faudra porter des gants pour la concevoir et l'utiliser pour prévenir tout risque de réaction non désirée. Son odeur est certes agréable, mais elle n'est destinée qu'aux bougies et outils magiques ! Ne t'avise pas d'en faire une autre utilisation ! Cette huile renforcera la puissance d'action de tes sortilèges. Tu dois la préparer un soir de pleine lune.

Matériel

- 1 petite bouteille en verre avec un bouchon de liège hermétique
- 20 graines de datura fraîches (soutien angélique, sorcellerie)
- 1 baie de belladone fraîche (amplificateur magique, sorcellerie)
- 3 baies de morelle douce-amère fraîches (protection, sorcellerie)
- 250 ml d'huile végétale

Place tes ingrédients dans la bouteille en verre, un par un, en appelant leurs pouvoirs respectifs. Lorsque toutes les plantes sont ajoutées, trace du doigt trois croix au-dessus du goulot et prononce la formule :

« Maintenant et à toute heure
Que cette huile fasse mon bonheur !
Le sortilège est amplifié
Le résultat est assuré ! »

Ajoute l'huile jusqu'à ras bord de la bouteille en verre. Les plantes ne doivent pas entrer en contact avec l'air que le pot pourrait contenir : cela entraînerait des moisissures qui gâcheraient toute l'huile et tout serait à recommencer.

Répète la formule magique, puis bouche la bouteille à l'aide du bouchon de liège. Trace trois croix, ou tout autre signe de tes croyances, sur le couvercle du bout du doigt.

Range ta bouteille dans un endroit à l'abri de la lumière (placard, cellier, etc.). Laisse macérer les plantes durant cinq cycles lunaires puis filtre ton huile d'onction sortilège qui sera alors prête à l'emploi. Ne dépasse pas ce temps de macération, car les plantes fraîches feraient tourner l'odeur : si cela n'a aucun impact sur la qualité magique de cette huile, elle est toutefois moins agréable olfactivement lors de son emploi.

Le genévrier

Le genévrier est un arbuste à écorce rugueuse qui apprécie les terrains ensoleillés jusqu'à 2 500 mètres de hauteur. Son tronc peut atteindre jusqu'à 6 mètres de hauteur, mais dans les zones montagneuses, le froid le pousse à rester près du sol. Ses aiguilles pointues blessent les mains qui cherchent à faire cueillette : n'hésite pas à porter des gants. Le genévrier doit toujours être salué avant la récolte.

Les fleurs jaunâtres du genévrier commun, formées en chatons, éclosent d'avril à mai, puis donnent naissance à des baies vertes qui deviennent par la suite bleu-noir, avec une fente en forme d'étoile. Ces baies, tout comme la résine appelée « sandaraque », possèdent une odeur aromatique et développent un goût âcre apprécié en cuisine et pour parfumer les viandes.

Le genièvre possède des propriétés médicinales que l'on retrouve dans ses actions magiques. Ainsi, tu pourras effectuer régulièrement des fumigations de branches du pétron pour nettoyer l'air d'une chambre de malade, grâce à ses propriétés antibactériennes et désinfectantes. De la même façon, il est de coutume de déposer des branches dans la cheminée pour purifier l'air d'une maison dont les habitants souffrent d'une épidémie.

Les jeunes rameaux du pétrot sont encore ajoutés à l'alimentation des lapins dans les campagnes afin de faciliter la reproduction. C'est pour cette raison que les aiguilles et les baies récoltées un vendredi en lune croissante favorisent les sortilèges de sexualité et les retours de virilité. Tu porteras un rameau sur toi pour faire fuir les serpents. Sache que les baies concassées ont réputation de soigner les morsures venimeuses.

Le poivre du pauvre est employé dans le cadre des exorcismes et du bannissement du mal. La méthode de fumigation est une des utilisations les plus connues, car la récolte peut s'effectuer en tout jour de toute lune pour cette raison. Ainsi, tu pourras ajouter des aiguilles et des baies à tes encens pour éradiquer les maléfices, mais il te sera également possible d'effectuer une huile par macération de baies de gracil, qui servira à oindre les bougies de tes rituels de bannissement.

Lorsque le sorcier souhaite transmettre ses secrets, il allume un petit feu sous la nouvelle lune et y fait brûler des branches du petiot. Il fait ensuite sauter treize fois son initié par-dessus le petit bûcher afin de purifier son corps et son âme avant d'avancer dans la voie de la bonne sorcellerie.

Tu pourras fabriquer un collier de baies de genèbre en plaçant celles-ci dans un sachet qui sera porté en pendentif. Ce collier te protégera lors de tes travaux de désenvoûtement, d'exorcisme et de guérison. Tu placeras une branche fraîche au-dessus de ta porte d'entrée pour empêcher la basse magie, les envoûtements et les serpents d'entrer dans ton foyer.

Le samedi après la tombée du jour et en lune décroissante, tu pourras brûler des baies de genève sur un charbon afin de favoriser la réussite de tes sortilèges de retour à l'envoyeur et tes rituels de bannissement. Traditionnellement, une bûche du bois de genieuvre est brûlée dans l'âtre de la cheminée à Noël, après la messe de minuit, afin de purifier le foyer et faire fuir les entités négatives. On procède de même le premier jour du printemps pour purifier le foyer des énergies sombres de l'hiver.

Les éleveurs plantaient autrefois un genièvre cade près des étables afin de protéger les bêtes du vol de lait, ce procédé magique qui tarissait les mamelles de l'élevage. Nos anciens brûlaient des aiguilles de genièvre pendant un accouchement pour empêcher les fées d'échanger le bébé après sa naissance. Les baies favorisent les prophéties oniriques, mais activent également la chance et l'attraction de l'argent.

Les températures se rafraîchissent : l'automne touche à sa fin.
Il est temps de rentrer dans nos pénates afin de
mieux nous couvrir et entamer une nouvelle saison confortablement.

Eau
De friction de l'envoûté

Dans les campagnes, il est de coutume de soigner et barrer par des frictions d'alcool fort un malade ou un envoûté pour le libérer de ses maux. Le sorcier n'est pas en reste. Afin de couper et d'évincer un sortilège ou un envoûtement, il met au point des élixirs qui, bien que consommables, seront destinés à ces actions magiques. Voici la recette d'une eau de friction à employer durant un rituel qui délivrera un envoûté des sortilèges et enchantements dont il est victime.

Matériel

- 1 belle poignée de baies de genévrier bien mûres
- 1 litre d'eau-de-vie
- 400 g de sucre
- ½ litre d'eau de source

Mets dans un grand bocal les baies de genévrier puis recouvre-les du litre d'eau-de-vie. Réserve ensuite le bocal dans un endroit sombre pendant 40 jours en plaçant dessus une croix, un rosaire ou tout autre symbole puissant de tes croyances.

Le 41e jour, filtre l'ensemble pour ne garder que l'eau-de-vie imprégnée de genévrier. Verse dans une casserole l'eau de source, puis ajoute le sucre et mets l'ensemble à chauffer à feu doux. Mélange les ingrédients jusqu'à obtenir la consistance d'un sirop : fais bien attention durant cette étape à ne pas obtenir du caramel !

Le sirop obtenu, retire la casserole du feu et verse-le directement dans l'eau-de-vie. Mélange bien cette boisson et réserve-la en bouteille.

Cette eau-de-vie te servira à frictionner fortement le dos de l'envoûté ou du possédé durant tes rituels, afin de dégager son âme de l'emprise de la magie ou des entités. Puis tu traceras trois croix, ou tout autre symbole puissant de tes croyances, sur son front pour que l'énergie ou l'entité négative ne puissent plus l'infester.

Collier
du sorcier

Voici un sachet sorcier qui devra être porté en pendentif par le sorcier souhaitant augmenter ses pouvoirs et son potentiel d'action, tout en étant protégé de la négativité contre laquelle il lutte. Tu dois le réaliser le mardi après-midi en lune croissante ou pleine.

Matériel

- 1 carré de tissu rouge
- 3 baies de genévrier séchées (protection)
- 1 gland de chêne séché (pouvoir sorcier, protection divine)
- 8 graines de datura séchées (pouvoirs sorciers, protection angélique)
- 1 agate (amplificateur)
- 1 fil de coton ou de laine rouge

Installé face au nord, dépose les ingrédients au centre du tissu rouge, un à un, en faisant appel à leurs pouvoirs respectifs.

Rassemble les coins du tissu rouge et lie-les en effectuant trois tours avec la ficelle. Puis fais trois nœuds en prononçant les paroles suivantes :

« Puissent les anges intercéder
En ma faveur à toute heure !
Que mon pouvoir soit augmenté
Afin de faire mon dur labeur ! »

Porte ce sachet en pendentif lors de tous tes travaux magiques destinés à soulager autrui. Ce sachet devra être renouvelé tous les six cycles lunaires.

Hiver

La Vieille étend son linceul glacial pour inviter le monde au repos. Le courageux rouge-gorge tapisse son nid de mousse pour se tenir au chaud. Une plume de ce sociable oiseau, ajoutée à une dagyde protectrice, déjoue tous les sortilèges.
Nous voilà chanceux ! Un corbeau crieur venant de notre droite nous a survolés ! Si ce noir volatile s'en était venu de la gauche au petit matin, mieux aurait valu que nous rentrions chacun chez nous pour ne plus sortir de notre lit et ne risquer malheur.
Serait-ce un écureuil que nous apercevons ? Petite flamme rousse entre les branches nues de cet arbre ! Dans la torpeur hivernale, ce rouquin vit au ralenti et sort peu de son nid. Si tu trouves une noisette dans sa cachette, hâte-toi de la manger… elle t'apportera une année de richesse.
Dans la haie givrée, un petit mulot nous signale sa présence d'un mouvement furtif. Voilà un malheureux qui n'a pas trouvé de maison pour l'accueillir à l'arrivée du froid. Autrefois, il se chuchotait que ce rongeur portait en lui l'âme d'une sorcière, s'il fuyait le feu comme l'homme fuit la peste…
Les aiguilles de pin suintent et annoncent ainsi un hiver court. Dans ce froid silence, l'humidité du sol nous glace les pieds. Allons à la rencontre de ce petit arbre qui porte fièrement des feuilles vertes, comme vernies par le petit peuple, et des baies rouge vif. Mais approche-toi avec respect : plus le houx est jeune, plus il pique !

Recette de l'encens de l'hiver

L'hiver est la saison qui symbolise l'introspection, la transition, l'élévation, la sagesse et la transmission. Cet encens favorisera toutes ces intentions magiques lors de la création de tes sortilèges. Préparé spécifiquement en hiver, tu pourras l'employer toute l'année pour favoriser la réalisation d'un vœu, l'apprentissage, les rituels liés au soleil et à la lumière ou pour les communications avec l'autre monde, par exemple. Les possibilités de cet encens sont nombreuses : je sais que tu en feras bon usage !

Matériel

- 1 pilon et 1 mortier
- 1 pincée de feuilles de gui séchées (connexion entre les mondes, sagesse)
- 1 pincée de fleurs d'héliotrope séchées (guérison, introspection)
- 1 pincée de feuilles de buis séchés (persévérance, élévation spirituelle)
- 1 pincée de pomme râpée séchée (immortalité, sagesse)
- 1 morceau de plume de chouette coupé en petits bouts (élévation, apprentissage)
- 1 pincée de résine de pin séchée (introspection, transition)
- Du miel liquide

Réduis les ingrédients au mortier, puis ajoute au compte-gouttes une infime quantité de miel liquide afin de lier les ingrédients et obtenir ainsi une préparation homogène. Façonne l'encens de manière à lui donner la forme d'une boule et laisse-le sécher quelques jours à l'air libre. Tu pourras le brûler sur un charbon ardent. Conserve-le dans une boîte à l'abri de l'humidité et de la lumière. Je te conseille de l'utiliser dans l'année suivant sa préparation pour bénéficier de toutes ses saveurs olfactives.

Le houx

Dans les haies, les bois, les sous-bois et les forêts jusqu'à 2 000 mètres d'altitude, le houx se tient fier dans le froid de l'hiver. Ce petit arbre à l'écorce lisse et au bois solide peut atteindre 10 mètres de hauteur et vivre jusqu'à 300 ans. Ses feuilles cireuses, d'un vert foncé sur la face supérieure et vert clair sur le dessous, persistent toute l'année.

Les fleurs blanches ou roses du grand houx éclosent de mai à juin. Elles donnent naissance à des baies rouges qui mûrissent en septembre et en octobre. Ces fruits ne doivent pas être consommés, car ils provoquent de puissants vomissements et diarrhées. Tu pourras prélever une belle branche du grefeuille pour t'en faire un bâton de sorcier.

Autrefois désireuses de connaître leur avenir amoureux pour une année, les femmes cueillaient une feuille du houx épineux en prononçant :
« Dis-moi, vieux bois, ce que pour moi tu vois ! »

Puis elles piquaient leur annulaire gauche sur chacune des pointes de la feuille du bois franc, une à une, en commençant par la pointe inférieure du côté gauche de la feuille. Tandis qu'elles faisaient ce geste, elles prononçaient successivement un mot dans l'ordre de cette suite :

« Fille. Femme. Veuve. Nonne. »

Le mot prononcé au moment de la dernière pique, en bas sur le côté droit de la feuille, prédisait leur condition pour les douze prochains mois.

Le corcier est un arbuste très protecteur. Lorsqu'il pousse naturellement contre la maison, il protège ses habitants du malheur. Tu pourras suspendre des bouquets des branches de l'agriou dans le grenier ou sous les combles pour protéger le foyer de la foudre et des énergies négatives.

Tu prélèveras un dimanche, à l'aube et en lune croissante ou pleine, la plus belle branche d'un aigrefeuille. Il te faudra la clouer de trois beaux clous non rouillés sur le côté extérieur d'une porte d'entrée, d'une porte de grange ou d'une étable. Le bois piquant fera barrage à tous les sortilèges qui pourraient être lancés contre les habitants ou les animaux du lieu.

Lorsqu'une pauvre bête souffre de dartre, approche-toi doucement d'elle et passe un bouquet de petites branches de l'agrevou sous son ventre. Puis, tout en récitant l'oraison adéquate, frotte le bouquet sur la plaie. Quand le houx séchera, la dartre disparaîtra. Il te faudra alors le jeter au matin dans un cours d'eau tel qu'un ruisseau, une rivière ou un fleuve. Ce procédé est également efficace pour soigner les verrues.

Oraison de la dartre par le houx

« Dartre vive, dartre rongeante,
Dartre farineuse,
Quelle que tu puisses être,
Je t'ordonne et te commande de te réduire
Aussi petite qu'un piquant d'épine
Et de venir à rien.
Ainsi soit-il ! »

Tu pourras également pendre des bouquets de houx à aiguillons dans l'entrée des maisons ou des étables pour stopper la prolifération de maladies contagieuses. Un malade de fièvre persistante devra se frotter au premier houx qu'il rencontrera afin que la fièvre tombe dans l'heure.

Il est de coutume de décorer son foyer du housson portant ses fruits pour la fête de Noël. Pour attirer la chance pour l'année à venir, il te faudra confectionner une couronne d'agrifou puis l'accrocher à l'extérieur de ta porte d'entrée. Mais prends garde de ne pas l'enlever avant le jour de l'an ! Autrement, le sort serait inversé !

Viens avec moi ! J'aperçois de belles fleurs blanches au loin. Allons découvrir les secrets que cette rose de Noël souhaite nous confier…

Sortilège
de guérison des lésions

Voici un sortilège de guérison qui te sera utile pour accélérer la cicatrisation et venir en aide aux personnes souffrant de coupures profondes, d'escarres, de plaies postopératoires, etc. Ce sortilège permet le soin à distance afin de ne pas empêcher le patient d'accéder aux soins médicaux. Tu peux réaliser ce sortilège à tout moment et en toute lune.

Matériel

- 1 bougie blanche
- 1 feuille de houx fraîche
- 1 stylo à encre bleue

Installé en direction du nord, allume la bougie blanche en visualisant une énergie éclatante émaner de sa flamme et envelopper ton matériel.

À l'aide du stylo bleu, écris sur la feuille de houx le nom complet et la date de naissance de la personne à qui est destiné ce sortilège, puis prononce cette formule :

« Ô herbe qui n'a été ni semée ni plantée !
Arrête le sang et guéris la plaie !
Ainsi le désire Dieu qui t'a créée ! »

Prends la bougie blanche et penche-la au-dessus de la feuille de houx afin de verser neuf gouttes de cire sur celle-ci.

Va ensuite déposer ce sortilège dans le trou formé naturellement dans l'écorce d'un arbre. Quitte le lieu sans te retourner une seule fois.

La cicatrisation s'effectuera à mesure que la feuille de houx ensorcelée séchera.

Encens
revitalisant de l'hiver

L'hiver est parfois une période difficile à surmonter : manque de soleil, fatigue généralisée, manque d'énergie, dépression passagère... La fatigue hivernale n'est pas à prendre à la légère et le consultant doit en parler à son médecin traitant. Cet encens apporte une énergie de soin qui revitalise même durant les périodes les plus sombres de l'hiver. Tu devras fabriquer cet encens un dimanche après-midi et en lune croissante.

Matériel

- 1 pilon et 1 mortier
- 2 feuilles de houx séchées et réduites en poudre (vitalité, guérison)
- 1 pincée de fleurs d'ajonc séchées (vitalité, renouvellement)
- 1 pincée de sève de sapin blanc séchée (vitalité, renforcement de l'énergie)
- 1 pincée de menthe pouliot séchée (force vitale)
- 1 pincée d'encens oliban (énergie solaire)
- 1 pincée de fleurs d'hellébore séchées (guérison de la fatigue hivernale)
- 3 crins de cheval coupés en petits bouts (accroissement de l'énergie)
- Du miel liquide

Réduis les ingrédients au mortier le plus finement possible, en visualisant une énergie blanche et lumineuse émaner de ceux-ci.

Ajoute au compte-gouttes une petite quantité de miel liquide afin de lier les ingrédients et d'obtenir une préparation homogène.

Façonne ton encens de manière à lui donner la forme de plusieurs petites boules, puis laisse-les sécher à l'air libre quelques jours. Cet encens pourra être utilisé tous les jours durant la saison de l'hiver.

L'hellébore noir

L'hellébore noir pousse naturellement dans les rocailles, les broussailles, les prairies, les sous-bois et les clairières jusqu'à 1 800 mètres d'altitude. Cette rose de Noël très toxique peut atteindre 45 centimètres de haut et résister à des gelées de moins 15 degrés. La plante contient des helléborines et des alcaloïdes paralysant le système nerveux et provoquant l'arrêt cardiaque. Il te faudra donc la manipuler avec des gants.

Les feuilles épaisses et persistantes vert foncé de l'herbe à sétons se divisent en sept à neuf segments. La floraison se produit de décembre à avril, donnant vie à des fleurs blanches cireuses aux pétales arrondis de 5 à 8 centimètres, dégageant une odeur âpre entêtante. La racine noire de ce pied-de-lion irrite la peau quand elle est fraîche.

La patte d'ours s'arrache entière uniquement les nuits de pleine lune. Ne choisis jamais une plante dont les feuilles portent des taches noires. Approche-la en la saluant et en lui demandant de t'offrir ses vertus. Puis trace un cercle de la pointe d'un couteau, préalablement nettoyé dans l'eau d'une source, au pied de la fève de loup pour que son esprit ne prenne pas la fuite. Puis place-toi face à la plante, tourné en direction de l'est, et fais-lui l'offrande de trois grains de blé afin de ne pas être atteint de désespoir en l'arrachant.

Cueillie dans le respect des traditions, la rose de Carême combat la dépression hivernale. Un pied-de-griffon à neuf feuilles porté sur soi chassera les animaux venimeux à 20 mètres à la ronde, et sera utile aux sortilèges de protection comme de bannissement. Sa racine apporte la clarté de l'esprit au sorcier qui a besoin de démêler ses pensées.

Pour l'action magique émise par son odeur persistante, tu choisiras l'herbe aux fous pour confectionner des colliers, des bouquets et des encens servant à apporter la guérison des maladies et des fièvres, ainsi qu'à protéger des sortilèges et du mauvais œil. Ainsi, tu pourras ajouter des bouquets du sperme d'Hélios à la création de tes couronnes de houx pour apporter des effets de protection à son pouvoir d'attraction de la chance.

Il te faudra suspendre des bouquets de la rose des neiges dans les étables pour barrer le muguet des agneaux nés de mères carencées en minéraux. Pour soigner les enfants atteints de muguet, tu favoriseras des sachets d'épais tissus rouges remplis de fleurs de mords-cheval. L'enfant portera ce sachet en collier au niveau du haut de son torse.

Tu pourras réduire en poudre les racines du pain de couleuvre afin de la répandre en cercle sur ton plan de travail lorsque tu effectueras des actions sorcières. Ce cercle protégera tes travaux des énergies extérieures tout en permettant qu'ils passent inaperçus auprès des non-initiés.

Allons nous abriter un moment de cette neige glacée sous les branches de cet arbre de la vie éternelle…

Sortilège
de clarté d'esprit

Lorsque nos pensées sont floues et emmêlées, que notre cerveau n'arrête pas de tourner sans trouver de solution, que le doute ou la manipulation nous font prendre de mauvaises décisions, ou encore lorsque nous sommes trop impliqués pour avoir une vision claire d'une situation, il est possible de faire appel à la magie pour apaiser notre esprit et voir les vérités cachées. Tu peux pratiquer ce sortilège à tout moment lorsque tu en éprouves le besoin.

Matériel

- 1 racine d'hellébore séchée (clarté mentale)
- 1 racine de chélidoine séchée (clarté mentale, vérité)
- 1 ruban violet
- 1 tas de paille ou de foin
- 1 cheminée, 1 brasero ou 1 barbecue pour brûler le sortilège en toute sécurité

Rassemble les racines d'hellébore et de chélidoine dans ta main gauche, puis porte-les à ton front en prononçant cette formule :

« Herbes des secrets dévoilés
Apaisez toutes mes pensées
Et montrez-moi la vérité ! »

Effectue trois tours autour des racines réunies avec le ruban violet, tout en récitant la formule précédente. Puis fais cinq nœuds avec les extrémités du ruban pour sceller le sortilège.

Place la paille ou le foin dans la cheminée (où tout autre endroit sécurisé). Dépose le sortilège au-dessus de la paille. Mets le feu à la base des végétaux afin que le sortilège s'enflamme. Si la paille n'est pas suffisante pour embraser l'ensemble, tu peux bien sûr ajouter du papier journal.

Lorsque le sortilège est en feu, récite une dernière fois la formule. Tes pensées s'apaiseront aussitôt, te permettant de trouver tes réponses rapidement.

L'if

Voici un arbre à la toxicité puissante qui force le respect. L'if se rencontre dans les sous-bois de feuillus et les forêts jusqu'à 1 500 mètres d'altitude. Renseigne-toi sur les mesures prises dans ton secteur, car cet arbre fait partie des espèces végétales menacées, et certains départements en interdisent la récolte. Si toutefois tu peux le prélever légalement, agis le samedi en toute lune et toute heure du jour et de la nuit.

L'ifreteau se développe lentement, mais possède une longévité importante : le plus vieux de ces arbres répertoriés en France semble avoir 1 700 ans. Il peut rarement atteindre une hauteur de 25 mètres et se rencontre plus couramment sous la forme d'un buisson. Son écorce, son bois, ses feuilles et ses graines contiennent des alcaloïdes dont je t'ai déjà confié les effets (voir p. 26, 143 et 156) : manipule-le avec des gants épais !

Le tronc noueux du tasso, à l'écorce brune à rougeâtre, fine et en écailles, fut de tout temps employé pour sculpter des objets de culte. En effet, son bois ne se décompose pas et les ébénistes racontent que le travailler est comme « façonner du beurre ». Tu pourras tailler dans ce bois tes jeux divinatoires pour favoriser la réception des augures divins.

Un bâton de sorcier taillé dans l'if à baies aidera à communiquer avec les morts, mais aussi à faire passer leur âme dans l'autre monde, tout en conférant à son propriétaire santé et longévité. Tu pourras graver le nom d'un proche décédé sur une tablette de bois d'if pour lui rendre hommage et qu'il entende les prières que tu lui destines dans l'autre monde.

Les branches du toix sont couvertes d'aiguilles souples : les jeunes rameaux contiennent moins de poison que les vieilles branches agressives. Tu pourras confectionner une couronne de ces rameaux et la suspendre au-dessus du lit d'un mourant afin de lui porter la sérénité, l'éternité de l'âme et favoriser son voyage dans les terres de la mort. Dans ces mêmes intentions, et pour faciliter la réincarnation, tu placeras une jeune branche de cet arbre sur le cercueil d'un proche disparu.

Afin de guérir les maladies infantiles qui démangent tout le corps, tu te rendras au cimetière sans croiser une seule personne, ni à l'aller ni au retour. Tu prélèveras une branche d'if tournée en direction du nord que tu suspendras ensuite au volet de la personne malade. Les boutons disparaîtront en un rien de temps.

Les tèish mâles produisent du pollen, tandis que les femelles aux fleurs verdâtres engendrent des fruits rouge vif charnus contenant la graine. Seule la chair de ce fruit n'est pas toxique et possède même un goût sucré. Ces baies peuvent être utilisées en offrandes aux entités et aux dieux qui apprécient toutes sortes de fruits rouges.

Tu placeras une jeune branche de tuèis portant des fruits mûrs sous le lit afin de favoriser un sommeil profond et reposant. Un petit bouquet de rameaux placé dans la pièce, lors d'une séance de spiritisme, rendra les esprits bavards. Mais prends garde de ne pas décorer ton foyer avec les branches de l'if à Noël et au solstice d'hiver, sinon les esprits envahiront ta maison pour ne plus la quitter de l'année !

Lorsque les températures sont élevées, du tueis émane une vapeur invisible propre à cet arbre. Approche-toi de lui et respire l'air ambiant calmement et profondément quelques instants. Puis éloigne-toi un peu et concentre-toi : tu entreras dans un état de transe te permettant de passer entre les mondes. C'est sans doute pour cela qu'il est recommandé de ne pas faire de sieste au pied d'un if au cours d'une randonnée, sous peine de ne plus se souvenir du lieu où l'on souhaitait se rendre une fois réveillé.

Reprenons notre route jusqu'à cet autre petit bois, au loin. Nous y trouverons un arbre qui existait déjà il y a 55 millions d'années...

Gelée de baies d'if

Cette gelée était fréquemment consommée dans les campagnes autrefois. Hélas, la toxicité de l'if desservit cet aliment, et on raconta tout et n'importe quoi à son sujet. La recette en devint presque oubliée. Pourtant, en plus de son intérêt gustatif, cette « confiote » peut être utilisée pour attirer un esprit frappeur et le forcer à quitter le lieu qu'il infeste. Seule la partie rouge non toxique du fruit, appelée « arille », est utilisée. Il te faudra prendre garde d'enlever la graine imposante et de n'oublier aucune aiguille de l'if dans ta préparation.

Matériel

- Il te faut utiliser le même poids de la récolte en sucre : pour un kilo d'arilles, utilise un kilo de sucre.
- 1 chaudron

Dépose les arilles dans le chaudron et recouvre-les d'eau. Porte l'ensemble à ébullition à feu moyen entre 5 et 10 minutes, puis passe le tout au chinois. Remets dans la casserole la purée de baies, puis ajoute le sucre progressivement pendant 5 minutes. Mets immédiatement la gelée en conserve. Retourne les conserves pour stériliser tes pots.

Dépose une belle quantité de cette gelée dans un bol de couleur claire, puis place celui-ci au milieu de la pièce dans laquelle les phénomènes paranormaux semblent se produire le plus souvent. Appelle l'esprit frappeur et lorsque des manifestations surviennent, ordonne-lui de te suivre à l'extérieur du foyer. Éloigne-toi le plus possible du domicile tout en donnant l'ordre à l'esprit de te suivre, et promets-lui sa récompense s'il obéit : cela permet de garder son attention fixée sur toi et le bol de gelée. Puis dépose le bol au pied d'un arbre et ordonne à l'esprit de se nourrir de la gelée uniquement s'il promet de ne pas te suivre et de ne plus hanter les vivants. Pars du lieu sans te retourner une seule fois, autrement l'esprit s'accrochera à toi.

LE SAPIN BLANC

Dans les forêts et les bois, jusqu'à 2 000 mètres d'altitude, se dresse fièrement le grand sapin blanc. Ce vénérable, parfois haut de 50 mètres, peut vivre jusqu'à 800 ans. Son tronc droit est protégé par une écorce lisse argentée qui devient noirâtre, au bout de 50 ans, et écaillée. Les bourgeons résineux du sapin pectiné sont utilisés en infusion pour soigner les bronches.

Les grandes branches du voirgne sont parsemées d'aiguilles persistantes d'une couleur vert foncé. Les mâles produisent des chatons jaunes tandis que les femelles développent des chatons rouges, puis verts et enfin bruns, qui deviendront de longs cônes dressés. Il est de coutume de prélever toutes les parties de cet arbre à des fins magiques en lune décroissante, lorsque le bois est compact et résistant.

Tu effectueras une petite incision dans l'écorce du sapin argenté pour recueillir sa résine ambrée à l'odeur citronnée. Cette résine te servira à la création d'encens visant à protéger les femmes et les enfants, mais aussi à favoriser les guérisons physiques et spirituelles.

Il est de coutume de frapper les arbres fruitiers avec des branches de sapin de Normandie à la fin de l'hiver pour obtenir une belle récolte dans l'année. On procède de la même manière, mais avec plus de douceur, sur les femmes enceintes, pour qu'elles mettent au monde des enfants sages et intelligents.

Tu placeras des branches portant leurs pommes de pin dans la chambre d'une femme durant son accouchement : cela conférera santé et longévité à l'enfant. De même, tu déposeras ces branches dans les étables pour favoriser les naissances et protéger des maladies. Les rameaux et la cime d'un vargne placés sur ou sous le toit d'une maison préserveront le foyer de la foudre et de la maladie. Les cônes secs sont brûlés en petits bûchers dans les champs pour faire venir la pluie.

Tous les sapins sont associés aux traditions de Noël, mais c'est surtout au cours du solstice d'hiver que le sapin des Vosges est utilisé. Tu placeras au centre de ta table, au matin de ce solstice, une branche décorée de bougies pour appeler le soleil à réchauffer la terre. Le soir même, tu brûleras une bûche du vouargno pour appeler la lumière et la santé dans ton foyer. Le lendemain à l'aube, répands les cendres autour de ta maison pour protéger tous ses habitants du mauvais œil et de la colère du ciel.

Il arrive encore parfois qu'un rameau du sapin commun soit déposé sur un cercueil avant sa mise en terre. Les anciens se souviennent que cet arbre majestueux en hiver régénère l'âme en souffrance. Cette intention vise à soigner l'esprit du défunt pour qu'il n'emporte pas la maladie dans l'autre monde.

Le froid devient mordant. J'ai pensé à préparer mon thermos avant de venir ! Viens partager avec moi un gobelet de thé bien chaud sous le pommier perdu au milieu de ce champ.

La boule verte que j'aperçois entre ses branches a des secrets à te confier...

Bouquet
de soin des morts

Lors des veillées funèbres, la famille et les proches du défunt se recueillent devant la dépouille de leur cher décédé. De nos jours, il s'agit surtout d'une période durant laquelle les proches se rassemblent en souvenir du mort, mais autrefois la veillée servait à accompagner l'âme du défunt afin qu'elle entreprenne son voyage dans l'au-delà, guérie des blessures de son âme. Voici un bouquet que tu pourras placer dans la salle mortuaire à l'intention du défunt, afin de l'apaiser et l'aider à « passer ».

Matériel

- 1 papier blanc
- De l'encre de chêne
- 1 rouleau de ficelle en jute
- 7 roses blanches (pureté de l'âme, autre monde)
- 7 chrysanthèmes blancs (éternité de l'âme)
- 5 branches de sapin blanc (régénération de l'âme)

Écris à l'encre de chêne sur le papier blanc les mots que tu souhaites transmettre à la personne décédée. Cela peut être des mots remplis d'amour, de pardon ou d'excuses, d'espoir ou de réconfort. Cela peut être une prière ou des souvenirs que le mort peut emporter avec lui. Toi seul sauras ce que tu souhaites écrire, car bien malin serait celui qui peut prétendre quelle relation nous entretenons avec nos proches et les choses que nous souhaitons leur transmettre par-delà la mort.

Enroule ce papier à la façon d'un parchemin serré, puis entoure un bout de ficelle autour puis effectue trois nœuds pour que personne ne puisse lire tes écrits.

Rassemble les roses blanches en plaçant ta lettre au milieu d'elles, puis ajoute les chrysanthèmes autour de tes roses. Enfin, dispose les branches de sapin blanc autour de ton bouquet de la manière la plus esthétique pour toi.

Entoure le bouquet de soin des morts de fil de jute de manière bien serrée, puis effectue trois nœuds pour maintenir fermement l'ensemble. Lors de la veillée, parle à la personne décédée pour lui dire que tu lui as apporté un bouquet. Explique-lui qu'une lettre qui lui est destinée se trouve au cœur des roses.

Après la veillée funèbre, tu pourras placer ce bouquet sur le cercueil lors de sa mise en bière, ou bien à l'intérieur en cas de crémation, afin de prolonger le soin du mort durant son dernier voyage.

Le gui

Le gui est un sous-arbrisseau de 20 à 50 centimètres de circonférence qui parasite les tilleuls, les pommiers, les poiriers, les châtaigniers et les chênes, jusqu'à 1 300 mètres d'altitude. Il te faudra récolter uniquement le gui de chêne, car cet hôte atténue les viscotoxines contenues dans les tiges et les feuilles. Faisons tout d'abord un point sur la toxicité du gui blanc, car trop de fausses idées se sont répandues à son sujet.

Combien de livres, de sites internet et même d'émissions télévisées racontent que le vert de pommier est extrêmement toxique ? Un simple appel au centre antipoison et de toxicovigilance dont dépend ton département t'apportera de vraies informations concernant la dangerosité des plantes. Seules les tiges et les feuilles du gui des feuillus contiennent des viscotoxines qui, lorsqu'elles sont consommées en grande quantité, engendrent des vomissements, des diarrhées, de l'agitation et des faiblesses musculaires. Les baies ne sont pas toxiques, mais si elles sont ingérées en très grande quantité, elles peuvent déclencher des vomissements et des diarrhées.

Les tiges vertes du bois de Sainte-Croix sont articulées en touffes sphériques. Les fleurs jaune-vert éclosent de mars à avril, puis deviennent des baies rondes et blanches, à pulpe translucide et visqueuse que l'on récolte à partir d'octobre. Afin que l'esprit concède à la plante tous ses pouvoirs bienfaiteurs lors de cette récolte, le sorcier doit appliquer un rite spécifique.

Tu devras prendre un bain de purification la veille au soir. Tu récolteras à jeun le bois vert avec une lame lavée dans une source puis séchée à l'air libre. Tu dois agir pieds nus, car cette plante ne pousse qu'en des lieux d'énergie et/ou sacrés, ou encore au-dessus d'une source souterraine protégée de toute impureté.

Lorsque le nid-de-sorcière pousse naturellement sur un arbre du jardin familial, il porte chance aux habitants du foyer. Des branches portant leurs fruits sont placées au-dessus des cheminées pour prémunir des incendies, tandis que d'autres sont suspendues au point le plus élevé et au nord du foyer pour protéger contre la foudre.

Tu porteras sur toi un brin du glu avec ses baies pour te porter chance. Dans certaines campagnes reculées, on place toujours du gui au-dessus des têtes des jeunes mariés avant leur premier baiser, pour déjouer les sortilèges lorsqu'une tresse de nouement en jonc, placé par un sorcier jaloux, a été découverte sur les chemins de l'église.

Tu donneras trois baies du blondeau récoltées un dimanche en lune croissante à un ensorcelé pour rompre un sortilège d'aiguillette et lui rendre sa virilité. Trois de ces mêmes baies consommées par une femme dont l'accouchement est en cours faciliteront le travail et calmeront les douleurs. Enfin, trois de ces fruits soudés par de l'or fondu feront une amulette des plus puissantes qui servira tous les besoins du sorcier.

Portée en parure, l'herbe de chèvre apporte une magie sans pareille. Tu fabriqueras des bracelets de ses baies, enfilées sur un fil telles des perles, que le malade devra porter afin de guérir rapidement.

Tu feras des couronnes de ses branches pour soigner les sortilèges du petit peuple. De même, ses baies portées en collier permettront de côtoyer le petit peuple sans être victime des tromperies et manigances qu'il affectionne tant.

Tu brûleras tous les jours durant un cycle lunaire complet, toujours à la même heure, les feuilles, les tiges et les baies du verquet dans la pièce à vivre de ton foyer pour apporter à ses habitants la paix, la santé et la prospérité durant une année. Si ce rituel te paraît trop long, tu brûleras une de ses branches après la messe de minuit, le soir de Noël, pour obtenir les mêmes effets.

Au jour de l'an, offre le guillon à tes proches en prononçant, comme le veut la tradition : « Bon an, Mal an, Dieu soit céans ! » Puis embrassez-vous sous ces branches de bouchon pour vous apporter à tous santé et bonheur.

Vois-tu ces petits soleils jaunes au cœur de l'hiver ?
Allons voir cet arbrisseau qui pique autant qu'il renforce...

Tisane
de guérison hivernale

Voici la recette d'une tisane qui renforce le système immunitaire durant la saison froide. Tous les ingrédients sont sélectionnés pour leurs vertus fortifiantes du métabolisme. Toutefois, cette tisane ne doit pas être consommée par les femmes enceintes et allaitantes. Cette recette est prévue pour une tasse, et peut être préparée en toute saison.

Ingrédients

(Ici toutes les plantes sont employées pour leur pouvoirs magique de guérison)

- 1 baie de gui fraîche ou sèche
- 4 baies de sureau fraîches ou sèches
- 1 petite pincée de feuilles de cassis fraîches ou sèches
- 1 pincée de pulpe de baie d'églantier fraîche ou sèche
- 1 bourgeon de sapin blanc frais ou sec (également pour nettoyer les voies respiratoires)

Place tes ingrédients dans une boule à thé ou dans un sachet de mousseline, puis mets-les à infuser dans une tasse d'eau bien chaude durant 15 minutes. Il ne te reste plus qu'à déguster !

Poudre
de protection du petit peuple

Les êtres du petit peuple fascinent les hommes depuis la naissance du monde. Certains sont sociables et de bonne nature avec nous, d'autres sont facétieux et s'amusent à nos dépens, et d'autres encore peuvent être cruels à notre égard. Lorsque leurs intentions sont peu louables, ils préfèrent être invisibles à nos yeux. Voici la recette d'une poudre efficace contre les enchantements féeriques et autres actions magiques du petit peuple. Prépare cette poudre un vendredi au crépuscule d'une lune croissante.

Matériel

- 1 mortier et son pilon
- 1 poignée de feuilles de gui séchées (barrage de la magie du petit peuple, bouclier)
- 1 poignée de feuilles de plantain séchées (protection contre la magie, barrage des maléfices)
- 1 poignée de feuilles de bistorte séchées (protection contre la magie du petit peuple)
- 1 poignée de feuilles d'aubépine séchées (protection contre la magie, bouclier)
- 1 poignée de fleurs de digitale séchées (protection contre le petit peuple)
- 1 sachet facile d'ouverture

Réduis au mortier les feuilles de gui, de plantain, de bistorte, d'aubépine et les fleurs de digitale en faisant appel à leurs pouvoirs respectifs, jusqu'à obtenir une poudre homogène.

Puis, à l'aide de ta baguette ou de l'index de ta main dominante, mélange la poudre par cercles dans le sens horaire en prononçant cette incantation (en récitant le dernier vers, arrête tes gestes en traçant une croix dans la poudre obtenue) :

« La poudre portée par le vent
Est plus puissante que l'égide !
Par ce sort défendant,
Les êtres magiques fuient cette force rigide ! »

Place cette poudre dans un sachet facile d'ouverture que tu pourras conserver dans une poche ou un sac à main. Lorsque le besoin s'en fait sentir, il te suffit de prendre une petite poignée de cette poudre dans le creux de ta main dominante. Puis, en ouvrant la main à hauteur de ta bouche, souffle cette poudre en direction de l'être du petit peuple qui te tourmente.

L'AJONC

L'ajonc est un buisson épineux pouvant atteindre 2 mètres de hauteur que nous pouvons rencontrer dans les haies, les talus, les broussailles et les landes, et que nous pouvons rencontrer jusqu'à 1 200 mètres d'altitude. Ses branches ramifiées sont couvertes d'épines agressives et d'aiguilles persistantes. Ses fleurs jaunes, non toxiques malgré la croyance répandue et ressemblant à celles de genêts, sont abondantes en été, mais fleurissent toute l'année, répandant une odeur de noix de coco autour d'elles.

Prends garde en avançant entre les genêts odorants ! Les farceurs du petit peuple aiment s'y cacher et feraient de toi une victime de choix. Pour contrer les tourments qu'ils pourraient te faire subir, porte sur toi une branche fleurie. Mais prélève le yaugue uniquement quand tu en as besoin, sans t'inquiéter du jour ou de la lune, et non pour ton simple plaisir, car il attire le peuple du monde des morts : le peuple d'Anaon.

Une petite croix du bois fleuri du ragot, tenue devant soi de la main droite, protégera le promeneur. Elle te sera utile si tu éternues en passant entre deux pieds de ce buisson, car un être du petit peuple se trouve près de toi. Les fleurs placées dans un sachet vert clair puis suspendues dans la chambre des enfants protégeront ceux-ci des sortilèges et des habitants du petit peuple.

Nos anciens éleveurs utilisaient une branche du jo pour fouetter l'arrière-train des taureaux. Leur but était alors d'augmenter la vigueur sexuelle des animaux et que leur semence apporte de belles progénitures. Je te déconseille cette méthode dangereuse, car les taureaux n'apprécient guère d'être piqués à vif et leur colère est terrible. Tu frotteras vivement la blessure d'une bête mordue par un serpent avec des fleurs de l'argoma écrasées.

Lorsque tu as démasqué un sorcier qui cherche à te nuire de sa basse sorcellerie, dépose une branche fleurie du raisin-d'ours devant sa porte ou dans sa cour : cela te protégera des actions qu'il a lancées contre toi. Tu pourras ajouter ses fleurs dans tes sortilèges et tes encens contre les envoûtements ou pour la protection contre le petit peuple.

L'endurant est également efficace dans les sortilèges de confiance en soi et de courage. Une branche portée sur toi t'apportera courage et force. Les fleurs et l'écorce utilisées en encens feront fuir les idées noires et les états de colère.

La neige commence à geler : le froid s'endurcit. Allons découvrir cet autre épineux bien connu pour la protection qu'il octroie...

Potion du courage

Dans de nombreuses situations, imposées par nous-même ou les aléas de la vie, nous devons faire preuve de courage afin de surmonter les obstacles. Voici une potion qui peut être préparée à tout moment pour donner force et courage.

Matériel

- 9 fleurs d'ajonc fraîches ou sèches (courage)
- 1 ambre (courage, force)
- 1 fruit de cardamone séché (courage)
- 1 pot en verre
- 1 bouteille en verre
- 1 eau de source

Place tes ingrédients dans le pot en verre, en faisant appel à leurs pouvoirs respectifs. Trace du doigt trois croix, ou tout autre symbole de tes croyances, au-dessus du pot. Verse l'eau de source pour remplir le pot, en prononçant la formule :

« Qu'un peu de courage dans mon verre
M'aide à croiser le fer !
Mon âme n'aura plus peur
Car vaillant est mon cœur ! »

Laisse les ingrédients infuser durant 7 minutes avant de filtrer. Reproduis cette recette autant que nécessaire afin de suivre une cure de 7 jours, à raison de trois verres à boire par jour.

Avant de consommer cette boisson, prononce la formule magique. Cette potion agira comme un « re-programmateur » du mental et du cœur.

L'ÉPINE NOIRE

Ici, dans cette haie, mais aussi en lisière des bois et en bordure des chemins jusqu'à 1 600 mètres d'altitude, pousse l'épine noire. Cet arbuste buissonnant, de 1 à 3 mètres de hauteur, porte des branches épineuses infranchissables. Ses feuilles ovales et dentées d'une couleur vert sombre ont bien du mal à cacher les longues épines acérées.

Les fleurs blanches tachées de rose et à cinq pétales du prunellier s'épanouissent de mars à avril, puis donnent naissance à des baies bleu-noir recouvertes d'une pruine cireuse, qui seront mûres après les premières gelées d'octobre à décembre.

Tu récolteras le buisson noir le dimanche au matin en lune croissante, les soirs de pleine lune ou le jour de l'équinoxe de printemps. Toutefois, même en bonne lune et le bon jour, ne récolte jamais le prunier sauvage un jour de fête ! Prends soin de tourner trois fois sur toi-même dans le sens horaire en saluant l'arbuste et ses habitants avant la récolte.

Le bois de l'épinette produit des baguettes et des bâtons de sorciers aux pouvoirs de protection exceptionnels et à action immédiate. Ainsi une baguette de ce bois te servira à dénicher les esprits invisibles. Elle pourra également, tout comme le bâton de ce bois, servir de défense contre les actions magiques négatives.

En utilisant un bâton de prunier épineux pour tracer autour de toi un cercle de protection, en toutes circonstances, tu seras protégé contre les actions d'un bas sorcier, les tourments des êtres du petit peuple ou encore contre les esprits négatifs. Tes cercles rituels seront d'une efficacité redoutable, car en plus de la protection érigée, ils canaliseront et centreront ton pouvoir sorcier.

Tu traceras des pentacles sur des morceaux de bois du pellocier pour canaliser et renforcer leur pouvoir. Ses aiguilles serviront à de nombreux sortilèges, comme la création des croix de levage qui défont le mauvais œil, les mauvais sorts et éloignent les entités négatives.

Les aiguilles de la mère-du-bois remplacent efficacement les aiguilles non rouillées habituellement piquées dans du charbon de bois. Placés aux quatre points cardinaux de ton espace de travail, ces charbons monteront une barrière de protection des plus efficaces.

Les objets que nous chinons dans les brocantes et autres lieux d'achat d'occasion sont parfois porteurs d'énergies négatives, et parfois même habités d'entités nuisibles. Il est souvent bien difficile de trouver la source de ce type de phénomène pour s'en débarrasser lorsque nos foyers regorgent d'objets anciens.

Pour détecter l'objet qui est la source de ce type d'infestation, place une épine fraîche de l'agroche dans une assiette creuse remplie d'eau de source. Demande-lui de te montrer la direction qu'il te faut prendre pour trouver cet objet. Avance doucement dans la direction que pointe l'épine aiguisée. Elle te conduira telle une boussole vers le coupable.

Regarde dans cette prairie ! Les clochettes blanches pointant le bout de leur nez hors de la neige ont sûrement des choses à t'apprendre...

CROIX
DE LEVAGE DES MALÉFICES

Comme je te l'ai déjà expliqué, les croix de protection sont courantes en sorcellerie de campagne, pour des fonctions diverses et variées. La croix de levage des maléfices est destinée à protéger toute personne vivant dans le foyer dans lequel elle est accrochée. Pour fabriquer cette croix, il te faudra agir un samedi à minuit, car l'heure est favorable au bannissement comme à la protection, en lune décroissante.

Matériel

- 1 fil de coton ou de laine rouge de 1,5 m
- De l'eau bénite
- 2 longues épines de même taille de l'épine noire (protection, bannissement)

Installé en direction du sud, trempe ton fil rouge dans l'eau bénite en effectuant une prière de tes croyances. Dispose en croix les deux épines de l'épine noire. Entoure le centre de cette croix du fil rouge afin de fixer les épines entre elles, en prononçant de manière répétée la formule suivante :

« Les maléfices des arts d'en bas
Devant cette croix ne passeront pas !
Jusqu'à 100 pas à la ronde,
Que leurs pouvoirs s'effondrent ! »

Effectue sept nœuds avec les extrémités du fil lorsque celui-ci est assez court, tout en visualisant une boule d'énergie lumineuse et combative se former autour de l'objet.

Souffle trois fois sur le cœur de cette croix, puis laisse-la reposer la nuit aux rayons lunaires.

Place cette croix au-dessus de ta porte d'entrée. Pour créer une barrière de protection autour de ton foyer, tu pourras également en disposer une au-dessus de chaque ouverture de ta demeure (fenêtres, Velux, cheminée, chatière, etc.).

Dagyde
de lâcher-prise

Traumatisme, chagrin d'amour, mauvaises habitudes... Nous avons bien des raisons de vouloir lâcher prise. Ce sortilège est utilisé pour faciliter ce lâcher-prise, soigner le cœur et libérer des pensées obsessionnelles. Tu dois le pratiquer un lundi à minuit en lune décroissante.

Matériel

- 1 bougie noire
- 1 pain d'argile autodurcissante
- 1 mèche de la personne à qui ce sortilège est destiné
- 2 épines de l'épine noire
- 1 agate
- 1 ruban noir

Installé en direction du nord, allume la bougie noire en visualisant une énergie d'apaisement envelopper ton matériel. Utilise l'argile autodurcissante pour former une dagyde de forme masculine ou féminine, selon le sexe de la personne à qui le sortilège est destiné.

Intègre à ton argile la mèche de cheveux, tout en façonnant la représentation humaine comme nous le faisions enfant avec de la pâte à modeler. Durant tout ce travail, visualise la personne représentée et prononce son nom complet sept fois.

Lorsque cette étape est terminée, souffle par trois fois sur la dagyde puis prononce :

« [Nom complet de la personne] est apaisé(e), »

Pique une épine de l'épine noire au niveau du front de la dagyde en prononçant :

Car [raison du lâcher-prise, par exemple « se ronger les ongles »] n'obsède plus ses pensées ! »

Pique la seconde épine au niveau du cœur de la dagyde en prononçant :

« Et le poids sur son cœur est libéré ! »

Prends l'agate et place-la juste en dessous de l'épine du cœur de la dagyde. Puis enroule le ruban noir autour de la dagyde afin de fixer la pierre à la poupée en prononçant :

« Qu'éternellement et chaque jour,
La magie protège [nom de la personne] !
Tant que son bien est assuré
[Raison du lâcher-prise] est renvoyé de ses pensées ! »

Effectue un nœud avec les extrémités du ruban lorsque celui-ci est assez court. Laisse la bougie se consumer entièrement. La dagyde doit être entreposée à l'abri des regards durant un cycle lunaire complet. Tous les soirs durant ce cycle, tu prononceras la dernière formule assis face à cette dagyde.

Le 29e jour, porte la dagyde dans un cours d'eau tel qu'un ruisseau, une rivière, un fleuve, la mer… mais jamais dans un point d'eau stagnante comme une mare ou un étang. Rentre chez toi sans te retourner une seule fois.

Les maux de la personne s'apaiseront au fil du cycle d'action sur la dagyde, puis s'effaceront entièrement lorsque l'eau la dépolluera.

Le perce-neige

Le perce-neige est la première fleur à éclore, à la fin de l'hiver, pour exposer sa beauté au soleil. Elle est menacée et protégée dans certains départements : renseigne-toi bien sur les mesures prises près de chez toi ! La clochette d'hiver pousse naturellement au bord des rivières, dans les prairies, les bois et les lisières de forêts jusqu'à 1 600 mètres d'altitude.

Les feuilles longues et fines du lait des neiges, s'élevant jusqu'à 25 centimètres de hauteur, entourent la tige née d'un bulbe sombre. Ses fleurs en clochette à six pétales, trois externes blancs entourant trois internes blancs à l'extrémité verte, éclosent de janvier à mars. Cette plante contient des alcaloïdes : il ne faut pas l'ingérer !

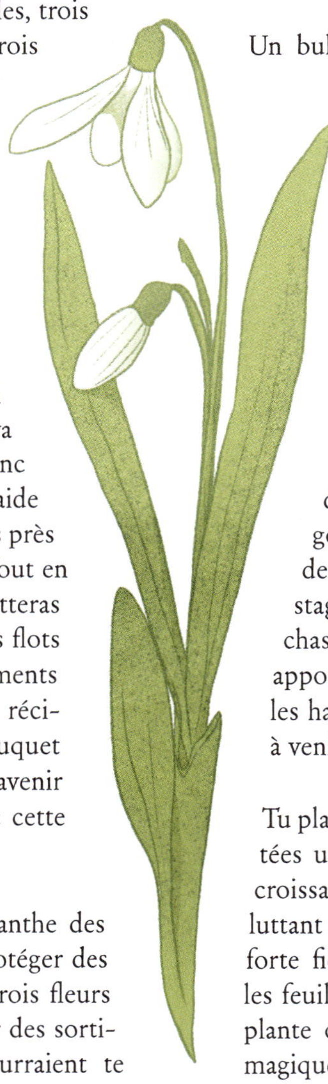

Si ton cœur bat fort pour une personne, tu t'interroges certainement sur la possibilité d'un avenir amoureux. Un vendredi à l'aube en lune croissante, va cueillir trois fleurs du grelot blanc que tu attacheras ensemble à l'aide d'un fil rouge. Tu te rendras alors près d'une rivière ou d'un ruisseau. Tout en pensant à l'élu de ton cœur, tu jetteras le petit bouquet dans l'eau. Si les flots emportent les fleurs, les sentiments de la personne concernée sont réciproques envers toi. Si le bouquet revient vers la berge, aucun avenir amoureux ne sera possible avec cette personne.

Tu porteras un bulbe de la galanthe des neiges dans ta poche pour te protéger des sortilèges lancés contre toi, et trois fleurs contre ta peau pour te prémunir des sortilèges et des maladies que pourraient te lancer les êtres du petit peuple. Une fleur de la nivéole tenue dans la main droite est un talisman naturel contre les brûlures.

Un bulbe ou un petit bouquet de la galantine placé sur ton autel de dévotion transmettra à ton ou tes dieux toute la pureté de tes prières à son intention. Tu utiliseras toutes parties de cette plante dans la réalisation de tes sortilèges et encens visant à réconforter un cœur brisé ou encore à surmonter les obstacles.

Le jour de la Chandeleur, tu déposeras un beau bouquet de la goutte-de-lait dans la pièce à vivre de ton foyer. Il purifiera les énergies stagnantes cumulées durant l'hiver, chassera la nostalgie hivernale et apportera la paix et l'espérance à tous les habitants du lieu pour les 12 mois à venir.

Tu placeras trois fleurs de nivalis récoltées un dimanche à l'aube et en lune croissante sous l'oreiller d'un malade luttant contre un mauvais virus ou une forte fièvre. Ajoutées dans les encens, les feuilles broyées et les fleurs de cette plante combattront toutes les attaques magiques et spirituelles.

Encens des cœurs brisés

Trahison, rupture amoureuse, deuil, divorce, amour non partagé... Il existe bien des raisons d'avoir le cœur brisé. Attention ! Je parle bien ici de la souffrance psychologique et non du syndrome de Takotsubo, dit « du cœur brisé », qui est une maladie du muscle cardiaque. Cet encens apporte la consolation de l'esprit et de l'âme. Tu dois le préparer un vendredi au crépuscule et en lune décroissante.

Matériel

- 1 mortier et 1 pilon
- 6 fleurs de perce-neige séchées (consolation, amour)
- 1 pincée de feuilles d'épine noire séchées (lâcher-prise)
- 1 pincée de feuilles de bourrache séchées (consolation, apaisement)
- 1 pincée de fleurs de jasmin séchées (consolation, amour)
- 1 pincée de feuilles ou fleurs d'angélique sylvestre séchées (soutien des anges, consolation)
- 1 pincée d'encens de patchouli (paix, apaisement)
- 1 plume de corbeau coupée en petits bouts (clairvoyance, prophétie)
- Du miel liquide

Réduis les ingrédients au mortier le plus finement possible, en visualisant une énergie blanche et lumineuse émaner de ceux-ci. Ajoute au compte-gouttes une petite quantité de miel liquide afin de lier les ingrédients et obtenir une préparation homogène. Façonne ton encens de manière à lui donner la forme de plusieurs petites boules, puis laisse-les sécher à l'air libre quelques jours.

Conserve-le dans une boîte à l'abri de l'humidité et de la lumière. Je te conseille de l'utiliser dans l'année suivant sa préparation pour bénéficier de toutes ses saveurs olfactives.

Cet encens pourra aussi être employé au cours d'une séance de voyance ou de divination.

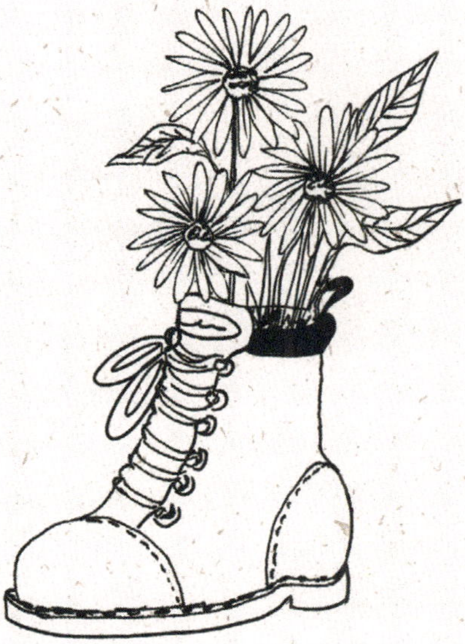

Le buis

Nous rencontrons le buis dans les bois, sur les coteaux et en montagne jusqu'à 1 600 mètres d'altitude. Cet arbuste buissonnant, à croissance lente et à bois noble et dur, peut atteindre 6 mètres de hauteur durant ses 600 ans de vie. Toute partie de cet arbuste est toxique en cas d'ingestion de fortes quantités, puisqu'il contient des alcaloïdes, comme d'autres végétaux que nous avons déjà rencontrés.

Le bois béni possède une écorce gris-beige à petites écailles. Ses feuilles persistantes cirées et luisantes sont d'une couleur vert foncé sur le dessus et vert pâle sur le dessous. En mars et avril apparaissent des fleurs jaunes qui donnent naissance à des capsules contenant six graines noires.

Le bois d'Artois possède des vertus magiques de guérison et de longévité bien connues de nos anciens. Ainsi, tu placeras un bouquet béni de rameaux dans ton foyer pour préserver ses habitants des maladies et des sortilèges. Pour chasser l'eczéma, il te faudra caresser le malade d'un bouquet de guézette, récolté le jour même, tous les dimanches jusqu'à la fuite du feu de peau.

Dans un bois d'ozanne, coupé un dimanche en lune croissante ou à la pleine lune, tu tailleras un petit calice ou une petite coupe. Boire dans ce contenant un élixir ou un sirop médical augmentera la rapidité de guérison. Des talismans de ce bois placés près de la couche d'un animal lui apporteront la longévité et le préserveront des accidents.

Tu pourras également confectionner des croix de buis-toujours-vert, un dimanche à l'aube en lune croissante, en nouant entre eux deux petits bâtons par un fil blanc. Tu suspendras ces croix aux points cardinaux du foyer pour protéger ses habitants des sortilèges, du mauvais œil et de la maladie.

Dans ces mêmes intentions, tu suspendras des bouquets de branches de guizette dans les étables et tu en déposeras un sur les ruches, dès la fonte des neiges. Tu fabriqueras des sachets de protection du bétail en déposant dans un carré de tissu blanc une petite croix de paille, des feuilles de buis et du gros sel. Lorsque tu accrocheras ces sachets, prononce les paroles suivantes :

« Le mal sur toi n'aura pas d'emprise !
Il n'a pas sa place en ta demeure ! »

Tu brûleras les rameaux du bois arborescent de l'année précédente dans les étables pour faire fuir les puces, les poux et autres parasites. La veille du printemps, tu planteras en terre, dans les champs de culture et dans les potagers, des rameaux de buis décorés de fleurs et de rubans pour que cette terre se fertilise et apporte de belles récoltes.

Fabriqués le lundi ou le dimanche selon les intentions précises propres à chacun, les pentacles et les talismans de protection gravés dans une rondelle de bois du bois béni possèdent un pouvoir décuplé. Le dimanche des Rameaux, tu déposeras des branches fraîches de ce bois sur les tombes de tes ancêtres pour honorer l'immortalité de l'âme des défunts.

Allons découvrir un arbuste dont les fruits rouges colorent le paysage tout gris de l'hiver...

Talisman
de protection des familiers

Pour le sorcier, les animaux de compagnie sont bien plus que des compagnons de tous poils, écailles ou plumes : ce sont de véritables membres de la famille et parfois des familiers, assistants de leurs pratiques magiques. Les druides récoltaient le buis à l'équinoxe de printemps et distribuaient des branches à la population, afin de protéger les maisons de la foudre et les animaux de la mortalité. Voici un talisman qui protégera ton ou tes compagnons. Tu dois procéder le jour de l'équinoxe de printemps, ou encore un dimanche à l'aube et en lune croissante ou pleine.

Matériel

- 2 bouts de branche de buis d'équinoxe de printemps d'environ 10 cm de longueur (protection contre la mort)
- Poils, plumes, mues de tes animaux. Pour les animaux dont il est impossible de prendre une charge biologique (chat Sphynx, poissons, batracien...), prélève un petit élément de leur environnement (feuille de plante d'aquarium, écorce d'un décor de terrarium, fil de la couverture où il aime dormir, etc.).
- 1 branche de lierre (sécurité)

Assemble les branches de buis dénudées de feuilles, de manière à former une croix. Maintiens-les de ta main gauche en préservant la forme en croix.

Coince avec ton pouce la ou les charges biologiques de ton (tes) animal(-aux) sur le bois supérieur, au centre de la croix.

Fais appel aux pouvoirs de protection du buis contre la mort et demande-lui de protéger ton (tes) compagnon(s) dont tu prononceras le(s) nom(s).

Prends la branche de lierre et fais appel à son pouvoir de sécurité. Puis, en l'entourant autour de la croix de buis, lie les bois et les charges biologiques ensemble comme tu le ferais avec un fil, de façon bien serrée. Effectue un nœud avec les deux extrémités du lierre.

Place ce talisman dans la pièce principale où vit l'animal ou les animaux vivant sous ton toit, ou accroche-le dans l'écurie, l'étable, la clôture d'une pâture, etc.

SEL
DE PROTECTION

Utilisé dans les rituels, la création de sachets sorciers et autres sortilèges, en barrage d'énergies et entités négatives, en purification... le sel est un outil courant du sorcier de campagne. Il peut être dilué dans de l'eau pour être employé en aspersion, en friction ou pour nettoyer des objets. Entier, il peut servir à former des barrières, des cercles ou encore être ajouté à l'eau du bain. Son champ d'action n'a de limite que l'imagination de celui qui l'emploie. Ce sel de protection est utilisé pour se défendre contre les énergies et entités négatives, mais également contre les actions magiques nocives. Tu dois le préparer un dimanche après-midi en lune croissante.

Ingrédients

- 250 g de gros sel
- 1 cuillerée à soupe de cendre de buis (protection, barrière)
- 1 poignée de pervenche (protection, sécurité)
- 1 tige d'angélique sylvestre coupée en morceaux (protection, soutien des anges)
- 1 poignée de fleurs d'achillée millefeuille (protection, purification)
- 1 poignée de verveine (protection, purification)

Verse ton sel dans un grand saladier. Puis ajoute tes ingrédients un à un, en faisant appel à leurs pouvoirs respectifs. Remue l'ensemble à l'aide d'une cuillère ou d'une spatule en bois, en prononçant :

« Herbe, fais ce pour quoi ton créateur t'a créée !
Sel, nettoie le mal comme tu sais l'assécher ! »

Lorsque le sel est sec (si des ingrédients employés sont frais), tu peux le réserver dans un pot.

PLANTES FRAÎCHES

Tu peux utiliser des ingrédients frais ou séchés. Lorsque les ingrédients sont frais, le sel absorbe l'humidité qu'ils contiennent. Tu dois laisser ton sel sécher à l'air libre, tout en le remuant régulièrement pour que l'humidité disparaisse rapidement sans que des moisissures se forment au contact de l'air.

Employer des ingrédients frais permet au sel de se parfumer des éléments qui les composent naturellement. Il est possible de préparer des sels uniquement avec des ingrédients frais s'épanouissant sur différentes saisons en le complétant au fil des mois de récoltes.

L'ÉGLANTIER

Dans les haies, les plaines et les collines, les taillis, les bords de chemins et les lisières de forêts, pousse l'églantier jusqu'à 1 600 mètres d'altitude. Cet arbrisseau, à la tige verdâtre et aux rameaux retombants munis d'épines, peut atteindre jusqu'à 5 mètres de hauteur. Ses feuilles sont ovales, vertes et glabres et ses fleurs rose pâle ou blanches à cinq pétales et à l'odeur suave s'épanouissent de juin à juillet.

Les cynorhodons sont les fruits rouges du rosier sauvage. Ils sont pleinement mûrs après les premières gelées et présents tout l'hiver. Ces baies contiennent des poils urticants qui permettent aux enfants de fabriquer le poil à gratter. Tu prendras soin de les enlever pour ne garder que la pulpe du gratte-cul, afin de préparer de délicieuses gelées, tisanes et autres boissons.

L'écorce, les fleurs et les fruits du rosier des bois, récoltés à l'aube le vendredi en lune croissante ou pleine, serviront à la création de tes charmes amoureux. Les écrivains et poètes sont judicieux de porter une fleur en talisman pour favoriser l'aide des muses et trouver l'inspiration.

Le lendemain d'un accouchement, les femmes avaient coutume d'enterrer le placenta au pied d'un rosier des haies, ou encore au pied d'un cornouiller sanguinaire, pour assurer une bonne santé au nouveau-né. Quand l'âge fatiguera tes yeux, tu porteras sur toi une racine d'églantine : ta vue s'améliorera au fil des lunes.

Tu mettras des fruits du rosier des chiens dans ta poche afin de soulager les rages dentaires en attendant d'avoir des soins, et pour stopper la croissance des caries. Pour soigner les dartres, tu pendras dans la cheminée le même nombre de baguettes de rose églantine que de dartres dont souffre le malade. Tu les attacheras en fagot, à l'intérieur duquel tu auras placé un grain de sel.

Bien sûr, tout le monde ne possède pas de cheminée. Dans ce cas, tu iras couper à l'aube douze petites branches de l'églantier des chiens, puis tu fabriqueras quatre fagots de trois bois chacun à l'aide d'un fil blanc. Tu placeras alors ces fagots aux points cardinaux de la pièce à vivre, dans le foyer du malade, pour apporter la guérison.

Pour faire cesser les phénomènes paranormaux provoqués par un esprit irrespectueux, il faudra te rendre à minuit, chaussé d'une seule chaussure, plier une tige du rosier des poètes et quitter les lieux sans te retourner une seule fois. Tu ramasseras des branches après la mi-août pour en faire des sifflets dont le son attirera les êtres du petit peuple.

Il est temps de nous rendre ensemble une dernière fois dans l'occultum. Bientôt, le soleil réchauffera à nouveau la terre et un nouveau cycle débutera...

Huile
de créativité

La créativité est un moyen inventif permettant de s'exprimer, de transmettre ou de trouver des solutions à une difficulté. Voici une recette d'huile qui stimulera l'expression de ta créativité. Tu dois la préparer un mercredi à l'aube et en lune montante.

Matériel

- 1 pot en verre avec un bouchon hermétique
- 1 pincée de fleurs d'églantier fraîches ou sèches (créativité, inspiration)
- 1 racine d'iris fraîche ou sèche (créativité, inspiration)
- 1 pincée de menthe poivrée fraîche ou sèche (créativité, stimulation)
- 1 noix de muscade sèche (créativité, réussite)
- 1 citrine assez lourde pour maintenir les plantes au fond du pot
- 1 bouteille d'huile végétale

Place tes ingrédients dans le pot en verre, un par un, en appelant leurs pouvoirs respectifs. Lorsque toutes les plantes sont ajoutées, dépose au-dessus de celles-ci la citrine qui devra les maintenir au fond du pot.

Au-dessus du pot, trace du doigt trois croix ou tout autre symbole puissant de tes croyances, et prononce :

« Maintenant et à toute heure
Que cette huile fasse mon bonheur !
De mon esprit en ébullition
Les idées viennent à foison ! »

Ajoute l'huile jusqu'à ras bord du pot en verre. Les plantes ne doivent pas entrer en contact avec l'air que le pot pourrait contenir : cela entraînerait des moisissures qui gâcheraient toute l'huile et tout serait à recommencer.

Répète la formule magique puis ferme le couvercle du pot. Trace trois croix ou symboles de tes croyances sur le couvercle du bout du doigt.

Range ton pot dans un endroit à l'abri de la lumière (placard, cellier, etc.). Laisse macérer les plantes durant un cycle lunaire, puis filtre ton huile de créativité.

Lorsque tu as un besoin urgent d'avoir une idée, lorsque tu es en manque de créativité ou lorsque la solution à un problème te fait défaut, masse-toi les tempes avec une goutte de cette huile en vidant ton esprit : ta créativité reviendra vite !

Conclusion

Nous voici arrivés au bout d'une année de randonnée, sur ce livre-sentier, à la découverte des plantes qui peuplent nos campagnes. Je t'ai enseigné beaucoup de secrets dont tu prendras soin, j'en suis sûre, de faire bon usage. Si nos chemins se séparent ici, ta promenade sur les voies sorcières ne fait que commencer !

L'Univers a encore tant de secrets à te confier ! Ton avancée te mènera vers d'autres enseignants qui te partageront leurs pratiques et leurs savoirs. Et un jour, lorsque tu auras enrichi toutes tes connaissances, que tu auras trouvé la bonne personne prête à apprendre, ce sera à ton tour de transmettre tes acquis afin que rien ne se perde dans les volutes du temps.

Mais ne crois pas alors que ta quête de connaissances sera achevée ! Nous apprenons toute notre vie. Alors que j'arrivais à la fin de l'écriture de ce livre, j'ai rencontré pour la première fois une autrice de romans du terroir qui habite depuis cinquante ans dans une fermette isolée de notre minuscule village. Nous habitons la commune depuis cinq ans, et je ne l'avais jamais vue avant ce jour. Cette femme âgée, aux connaissances inépuisables du mode de vie des anciens Ardéchois, m'apprit qu'un sorcier de campagne pratiquait encore actuellement à quelques villages du nôtre. Alors même que j'achevais cet ouvrage de transmission, un nouvel enseignant m'apparaissait soudain !

Voici donc mon conseil. Sors. Va marcher dans les campagnes, dans les villages, et discute. Parle aux anciens assis sur un muret, un tabouret ou encore jardinant dans leur cour. Souvent, le regard est sombre et la mine renfrognée : « C'est qui c'gaillard qui vint m'causer ? » Comprends que peu de gens s'intéressent à eux.

Mais en quelques minutes, l'amusement viendra rider le coin des yeux, et les souvenirs referont surface. Sois patient et aimant ! Car nos anciens ont mille secrets qu'ils se plaisent à transmettre (« À quoi qu'ça m'servirait d'emm'ner ça ent'quatre planches ? »)... quand on sait les écouter !

GLOSSAIRE

Activation : l'activation d'un pentacle dépend de la religion du praticien. Voici une bénédiction d'activation particulière aux pentacles transcrite par Denis Labouré et Marc Neu dans l'ouvrage *Le Guide complet des pentacles & prières* :
« Je te conjure, pentacle, par ces saintes lettres I.N.R.I. qui signifient : Jésus Nazaréen Roi des Juifs, titre triomphal de notre Sauveur et Seigneur Jésus-Christ, par tous les noms sacrés qui s'appliquent au Créateur de toutes les choses créées, au nom de celui qui a puissance de faire et de donner à toi, objet consacré, une vertu telle que tout ce qui se trouve écrit sur toi, ou sur toi représenté, et comblé de bénédictions, ait pour effet de conduire sûrement à la vie éternelle ; que de toi sorte toute la puissance que nous venons d'invoquer, et tout ceci sans plus tarder, au nom du Père et du Fils et du Saint-Esprit. Ainsi soit-il. » Selon les croyances du praticien, toutes autres formules ou prières puissantes pourront activer le pentacle.

Ankou ou Ankoù : personnification bretonne de la mort faucheuse d'âme.

Guide spirituel : entité agissant sur des plans parallèles au nôtre et apportant son soutien et son aide pour l'évolution spirituelle de son protégé.

Levage : la magie de levage est employée pour lever les sortilèges et envoûtements dont peut être victime une personne. Par extension, le levage est un désenvoûtement. Les leveurs de maux sont les praticiens que l'on appelle de nos jours plus couramment des guérisseurs et désenvoûteurs.

Ligature : maléfice ou envoûtement réalisé par l'emploi de liens (cordes bandelette, etc.) qui empêche la victime d'utiliser des facultés physiques ou psychiques.

Lune noire : nouvelle lune.

Nouet : carré de tissu noué qui renferme divers éléments (plantes, pierres, etc.) que l'on fait infuser pour bénéficier de ses actions magiques.

Ogham : alphabet celte sacré employé pour transmettre des informations aux initiés, dans un usage oraculaire ou talismanique et pour conserver la mémoire des défunts.

Petit peuple : terme désignant des êtres et créatures folkloriques comme des gnomes, lutins, korrigans, fées, etc.

Tableau récapitulatif

Printemps

Plante	Pouvoirs Sorciers Principaux
La pulmonaire	Guérison, purification par échange d'énergie
La violette	Amour, désenvoûtement, harmonie, protection, fidélité
La pervenche	Protection, au-delà, spiritisme, barrage de magie (barrement), libération, amour, abondance, patience
La chélidoine	Guérison, clairvoyance, justice
Le pissenlit	Abondance, argent, chance, invocation, divination, révélation, au-delà
L'aubépine	Longévité, guérison, apaisement, protection, désenvoûtement, chance, purification, abondance
La moutarde noire	Protection, activation de magie, combat du mal, exorcisme
L'anémone des bois	Guérison
Le chêne	Force, énergie vitale, guérison, purification, croissance de pouvoir et de force, apaisement, abondance, prospérité, protection, puissance
L'angélique sylvestre	Protection, combat du mal, exorcisme
La grande mauve	Harmonie, désenvoûtement, divination, clairvoyance, paix
La valériane	Paix, combat du mal, protection
Le sorbier des oiseleurs	Protection, sourcellerie, invocation, spiritisme, détournement de la magie, passage d'âme, guérison, croissance vibratoire, purification

Été

Plante	Pouvoirs Sorciers Principaux
La ronce	Guérison, protection, abondance, argent, attraction, barrage de la magie (barrement), prospérité
Le sureau	Protection, désenvoûtement, invocation, spiritisme, chance, médiumnité
L'aigremoine	Protection, exorcisme, combat du mal, désenvoûtement, justice, professionnel
L'orobanche	Sexualité, protection, combat du vampirisme psychique, désenvoûtement, bannissement
L'euphraise	Guérison, clairvoyance, révélation, conscience, bonheur, apaisement
La grande fougère	Divination, clairvoyance, protection, combat du mal, chance, argent, magie tempestaire
La belladone	Guérison, astral, spiritisme, divination
Le plantain	Guérison, protection, levage
La molène bouillon-blanc	Guérison, exorcisme, combat du mal, astral, divination, médiumnité, spiritisme, clairvoyance, chance, réussite, abondance
La morelle douce-amère	Désenvoûtement, levage, combat du mal, révélation, divination, guérison
La digitale pourpre	Protection, accroissement de pouvoir, clairvoyance
La verveine officinale	Amour, protection, paix, abondance, bénédiction, purification, combat du mal, guérison, levage
L'absinthe	Amour, médiumnité, clairvoyance, spiritisme, divination, protection

Automne

Plante	Pouvoirs Sorciers Principaux
Le figuier	Guérison, protection, abondance, amour, sexualité, fertilité
La quintefeuille	Guérison, communication, bonheur, harmonie, apprentissage, chance, réussite, abondance, protection, désenvoûtement, astral
La bistorte	Attraction, argent, clairvoyance, désenvoûtement, fertilité
La bruyère	Médiumnité, spiritisme, divination, protection, longévité, magie tempestaire, chance, bonheur, guérison
Le lierre grimpant	Protection, guérison, fidélité, attraction
L'aunée officinale	Amour, protection, combat du mal, divination, guérison
L'achillée millefeuille	Divination, clairvoyance, amour, protection, combat du mal, désenvoûtement, exorcisme, purification
La capselle bourse-à-pasteur	Guérison, argent, clairvoyance, divination
Le châtaignier	Amour, abondance, connexion, accroissement de pouvoir, purification, protection, combat du mal
Le datura stramoine	Protection, magie angélique, spiritisme, clairvoyance, métamorphose
Le genévrier	Guérison, sexualité, exorcisme, bannissement, purification, protection, rêves prophétiques, chance, argent

Hiver

Plante	Pouvoirs Sorciers Principaux
Le houx	Révélation, protection, barrage de la magie (barrement), guérison, chance
L'hellébore noir	Guérison, protection, bannissement, conscience
L'if	Divination, au-delà, médiumnité, spiritisme, longévité, apaisement, guérison
Le sapin blanc	Protection, guérison, longévité, apaisement, au-delà
Le gui	Chance, protection, désenvoûtement, barrage de la magie (barrement), levage, sexualité, guérison, puissance, paix, prospérité, bonheur
L'ajonc	Protection, sexualité, guérison, désenvoûtement, courage, force, paix
L'épine noire	Accroissement de pouvoir, protection, défense, combat du mal, purification, révélation
Le perce-neige	Amour, protection, connexion, purification, paix, guérison
Le buis	Guérison, longévité, protection, purification, fertilité, accroissement de pouvoir
L'églantier	Amour, guérison, protection, au-delà, créativité, inspiration

BIBLIOGRAPHIE
POUR ALLER PLUS LOIN

Christophe Auray, *L'Herbier des paysans, des guérisseurs et des sorciers : secrets et plantes magiques*, Éditions Ouest-France, 2016.

Christophe Auray, *Magie et sorcellerie dans les fermes bretonnes*, Éditions Ouest-France, 2006.

Hugues Berton, *Objets de sorcellerie : objets pour guérir, objets pour maudire*, Éditions De Borée, 2008.

Marcelle Bouteiller, *Sorciers et jeteurs de sort*, Éditions Royer, 2000.

Yvan Brohard et Jean-François Leblond, *Herbes, magie, prières : une histoire des médecines populaires*, Éditions de La Martinière, 2013.

Dominique Camus, *La Sorcellerie en France aujourd'hui*, Éditions Ouest-France, 2001.

Dominique Camus, *Magiciens et sorciers : enquête sur des citoyens au-dessous de tout soupçon*, l'àpart éditions, 2012.

Dominique Camus, *Pouvoirs sorciers et pratiques magiques, du Moyen Âge à nos jours*, Éditions Ouest-France, 2015.

Daniel Dirickx, *Ces plantes magiques du jardin des sorcières*, Éditions Savoir Pour Être, 1994.

Émile Gilbert, *Les Plantes magiques et la sorcellerie*, CPE Éditions, 2016.

Erika Laïs, *Jardin de sorcière : le grand livre des plantes magiques,* Rustica Éditions, 2003.

Charles Lancelin, *La Sorcellerie des campagnes*, Henry Durville imprimeur éditeur, 1899.

Jacques Messiant, *Magie, sorcellerie et croyances populaires : en Flandre, dans le Hainaut et en Picardie*, Éditions Ouest-France, 2010.

Maffeo Charles Poinsot, *La Magie des campagnes*, La Diffusion Scientifique, 1993.

Sédir, *Les Plantes magiques*, Unicursal, 2019.

Remerciements

Je remercie mes ancêtres d'avoir planté la graine
dans mon esprit qui allait donner naissance à ce livre de secrets.
Je remercie Ghost d'avoir arrosé cette petite graine de tout son amour
de familier sorcier et de ses tocs de reine siamoise, afin de lui permettre
de prendre vie et germer.
Je remercie Marc Neu d'avoir abrité ce plant des tempêtes cérébrales
qui m'assaillaient grâce à son amitié et son enthousiasme, lui permettant
de grandir et de s'épanouir.
Je remercie mon tendre Merlin, mes petites fées Gaïa et Eïlis,
mes korrigans Illian et Morgan de leurs rayons de lumière
pure qui font fleurir mon âme... Je vous aime !
Je te remercie, toi qui as lu ce livre-sentier.
Je t'offre la fleur des secrets. Puisse-t-elle
illuminer ta vie, autant qu'elle a illuminé la mienne !

Pandora

Illustrations : Alexandra Alzieu

Illustrations de couverture : Shutterstock

Le pentacle p. 54 est tiré du manuscrit de magie *Clavicula Salomonis*,
attribué au roi des Juifs Salomon.
Le pentacle p. 142 est tiré de *Les Pentacles Majeurs* de Dom Bernardin, éditions Bussière, 1995.

Direction : Guillaume Pô
Direction éditoriale : Élisabeth Pegeon
Édition : Chloé Herbin
Relecture et correction : Annabelle Biau-Weber et Nacima Bouzad
Direction artistique : Julie Mathieu
Création graphique et mise en pages : Jennifer Faisant
Direction de fabrication : Thierry Dubus
Fabrication : Audrey Bord

1re édition – N° édition : R22023
Dépôt légal : mars 2022

ISBN : 978-2-8153-1860-0
Code MDS : RU18600

www.rusticaeditions.com

Achevé d'imprimer par GPS en Bosnie-Herzégovine en janvier 2022.

FSC
www.fsc.org
MIXTE
Papier | Pour une gestion forestière responsable
FSC® C118234

Cet ouvrage est fabriqué à partir de matériaux provenant de forêts certifiées FSC® bien gérées, d'autres sources contrôlées et d'encres végétales garantissant la démarche de développement durable de l'éditeur. Les Éditions Rustica utilisent des papiers composés de fibres naturelles, renouvelables, recyclables et fabriquées à partir de bois issu de forêts qui adoptent un système d'aménagement durable. Par le choix de ses fournisseurs et par ses actions quotidiennes, les Éditions Rustica s'engagent à diminuer son impact environnemental.